KB262880

신나게 배우는

차이나로
중국어 회화

초급

Level 3

남서

저자

孫茂玉 (쑨마오위)

国立台湾政治大学中文系 졸업
한국관광공사 홍보 책자 다수 번역
서울지방경찰청, 대원외고, 삼성물산, 롯데 등 출강

전) 강남 CCC 중국어 학원 강사
전) 中华民国驻韩大使馆领事部(驻韩台湾代表部)
전) 차이나로 중국어학원 대표강사
전) 차이나로 중국어학원 교육실장
현) 차이나로 중국어학원 부원장

차이나로 중국어 회화 Level 3 초급 남서

초판발행	2014년 2월 20일
1 판 6 쇄	2020년 5월 20일

저자	차이나로 중국어 연구소, 孫茂玉
책임 편집	최미진, 가석빈, 高霞
펴낸이	엄태상
디자인	진지화
콘텐츠 제작	김선웅, 전진우
마케팅	이승욱, 전한나, 왕성석, 노원준
온라인 마케팅	김마선, 조인선
경영기획	마정인, 최성훈, 정다운, 김다미, 전태준, 오희연
물류	정종진, 윤덕현, 양희은, 신승진

펴낸곳	시사중국어사(시사북스)
주소	서울시 종로구 자하문로 300 시사빌딩
주문 및 교재 문의	1588-1582
팩스	(02)3671-0500
홈페이지	http://www.sisabooks.com
이메일	book_chinese@sisadream.com
등록일자	1988년 2월 13일
등록번호	제1 - 657호

ISBN 978-89-7364-452-0 14720
978-89-7364-471-1(set)

＊ 이 책의 내용을 사전 허가 없이 전재하거나 복제할 경우 법적인 제재를 받게 됨을 알려 드립니다.
＊ 잘못된 책은 구입하신 서점에서 교환해 드립니다.
＊ 정가는 표지에 표시되어 있습니다.

　중국어 교재 최초로 삽화를 통한 연상학습법을 사용한 『차이나로 中國語會話』 시리즈는 중국
어를 배우고 가르치는 수많은 학습자와 선생님들로부터 아낌없는 찬사와 성원을 받아왔습니다.
차이나로 중국어 연구소는 이에 만족하지 않고 한 걸음 더 나아가 지난 20여 년간의 현장 강의
노하우와 교수 경험을 바탕으로 『차이나로 중국어회화』를 새롭게 출간하였습니다.

　개정판 **차이나로 중국어 회화** 시리즈는 중국어 학습자와 교수자의 요구에 최적화된 교
재로, 중국어 회화를 "쉽게, 재미있게, 신나게, 확실하게, 생생하게, 자신있게" 구사할 수 있도
록 철저히 학습 환경 위주의 구성과 편집에 포커스를 맞추었다고 단언합니다.

　본 교재는 초급 학습자가 보다 **신나게** 중국어 실력을 다질 수 있도록 구성하였습니다. 한국
에서 중국으로 유학을 떠난 평범한 주인공과 그녀의 친구들을 캐릭터로 등장시켜, **본문**에서는
중국 현지 상황에 맞는 실전회화를 익힐 수 있도록 하였고, **영미의 일기**에서는 자신의 생각을
중국어로 쓸 수 있도록 일기 형식의 단문 독해를 제공하였습니다. **어법 포인트**에서는 필수적
인 어법 요소들을 자세히 설명하였으며, **듣기훈련**과 **연습문제**를 통해 청취와 표현 능력을 향
상할 수 있도록 하였습니다.

　본 회화 시리즈의 **초급편**이 여러분의 중국어 학습을 성공적으로 이끄는 길라잡이가 되길
기대합니다.

2014년 2월
차이나로 중국어 연구소
孙茂玉 (쑨마오위)

课文 본문

그림을 통해 대화
내용을 연상할 수
있도록 하여, 실전에
사용할 수 있는
중국어 회화 표현을
신나게 익힐 수 있도록
하였습니다.

生词 새로운 단어

본문에 등장한 새로운
어휘들로 구성하였습
니다.

英美的日记 영미의 일기

짧은 글을 읽고 이해할 수 있을 뿐만 아니라,
자신의 생각을 중국어로 쓸 수 있도록 일기 형식의
단문 독해로 구성하였습니다.

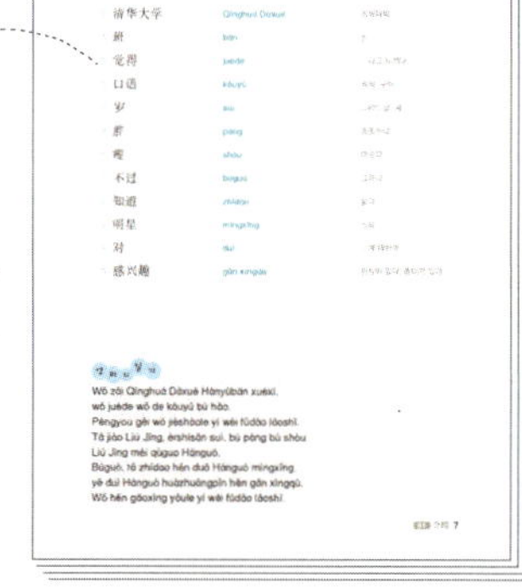

生词 새로운 단어

영미의 일기에 등장한 새로운 어휘들로
구성하였습니다.

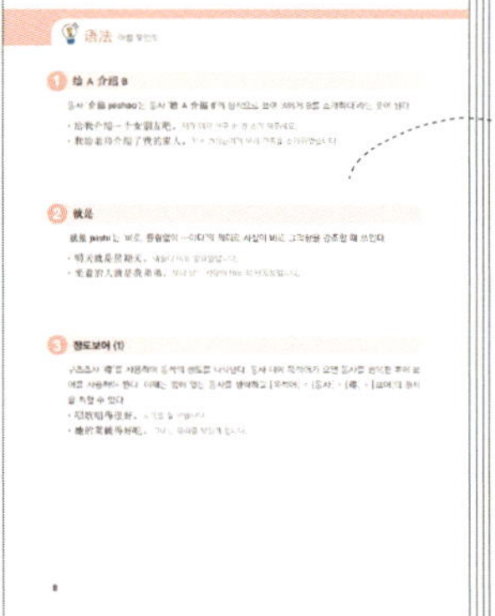

语法 어법 포인트

초급 단계에서 꼭 알아두어야 할 어법 포인트들을
정리하여 학습자가 정확한 문장을 구사할 수 있도록
하였습니다.

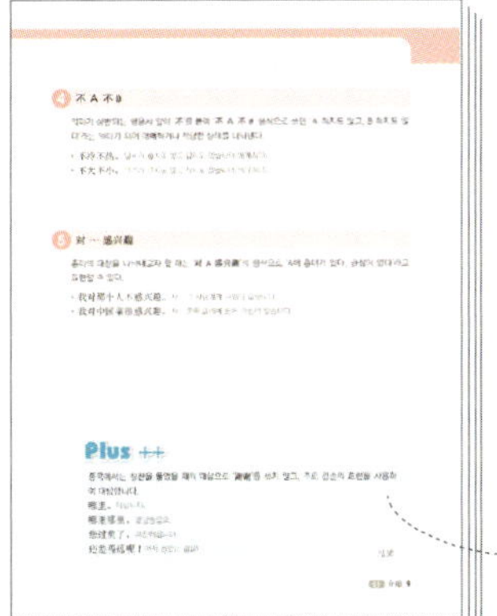

Plus ++ 플러스

알아두면 더 재미있는 중국어 표현 상식을 간단히
소개하여 중국의 언어 문화에 대한 이해를 도울 수
있도록 하였습니다.

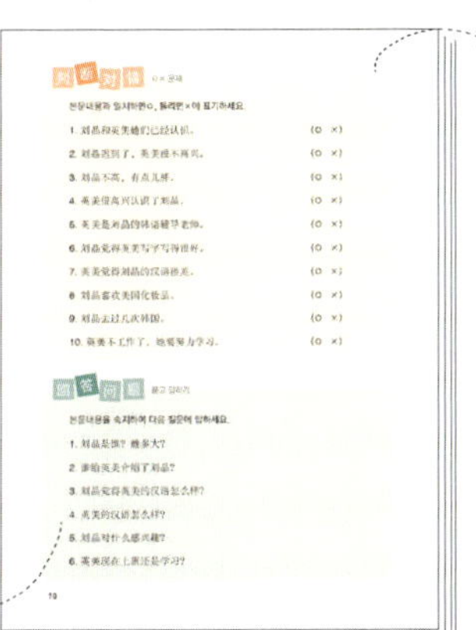

判 断 对 错 OX 문제

본문과 영미의 일기를 통해
숙지한 내용을 간단한 중국어
문장의 정오 판단을 통해
반복 학습할 수 있도록
하였습니다.

回 答 问 题 묻고 답하기

본문 내용과 관련된 질문들을
통해 학습자가 자신의 생각을
중국어로 표현할 수 있도록
하였습니다.

听力 듣기훈련

상황별 회화 및 간단한 문장을
통해 청취능력을 향상 시킬 수
있도록 하였습니다.

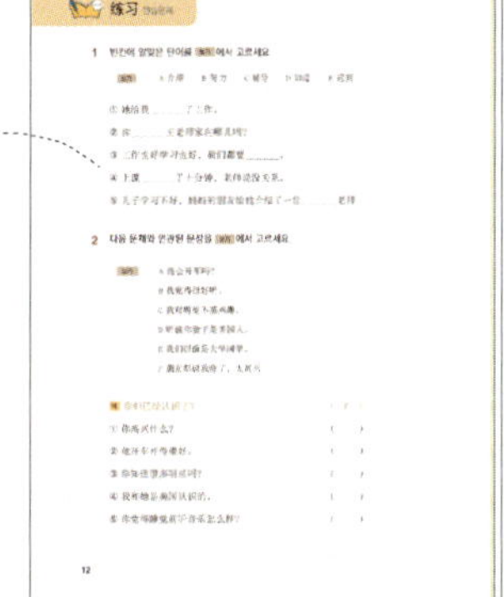

练习 연습문제

학습한 중국어 어휘를 다양하게 활용할 수 있는
문제들과 함께 문장의 전후 관계를 파악하는
연습을 통해 대화를 이어가는 실력을 기를 수
있도록 하였습니다.

李英美
Lǐ Yīngměi

张海
Zhāng Hǎi

刘晶
Liú Jīng

李英美　한국인, 한국에서 2년간 일한 후, 베이징에 와서 열심히 중국어를 공부한다.

张　海　중국인, 한국 유학 중에 영미를 알게 되어, 함께 중국어와 한국어를 공부하였다.
　　　　현재 베이징에서 근무 중이다.

刘　晶　중국인, 영미의 중국어 과외 선생님으로 칭화 대학 대학원생이다.

01

介绍

Jièshào

소개

英美的朋友给她介绍了一位汉语辅导老师。
Yīngměi de péngyou gěi tā jièshàole yí wèi Hànyǔ fǔdǎo lǎoshī.

刘晶　　请问，你是英美吗？
　　　　Qǐngwèn, nǐ shì Yīngměi ma?

英美　　你就是我的汉语老师？
　　　　Nǐ jiùshì wǒ de Hànyǔ lǎoshī?

刘晶　　是，我叫刘晶。对不起，我迟到了。
　　　　Shì, wǒ jiào Liú Jīng. Duìbuqǐ, wǒ chídào le.

英美　　没关系，我也刚来。认识你很高兴。
　　　　Méi guānxi, wǒ yě gāng lái. Rènshi nǐ hěn gāoxìng.

刘晶　　你的汉语说得真好！
　　　　Nǐ de Hànyǔ shuō de zhēn hǎo!

英美　　哪里，我还差得远呢。
　　　　Nǎli, wǒ hái chà de yuǎn ne.

刘晶　　听说你现在不工作了。
　　　　Tīng shuō nǐ xiànzài bù gōngzuò le.

英美　　对，我要努力学习汉语。
　　　　Duì, wǒ yào nǔlì xuéxí Hànyǔ.

10

生词 새로운 단어 [02]

☐ 给	gěi	…에게
☐ 介绍	jièshào	소개하다
☐ 位	wèi	사람을 세는 존칭 단위
☐ 辅导	fǔdǎo	(학습을) 도우며 지도하다
☐ 就	jiù	바로, 꼭
☐ 迟到	chídào	지각하다
☐ 刚	gāng	방금, 막
☐ 认识	rènshi	(사람, 글자, 길을) 알다
☐ 高兴	gāoxìng	기쁘다, 즐겁다
☐ 哪里	nǎli	천만에요, 별말씀을요
☐ 听说	tīng shuō	듣자하니, 듣건대
☐ 对	duì	맞다, 옳다
☐ 努力	nǔlì	노력하다

영미의 친구가 영미에게 중국어 과외선생님을 소개해주었습니다.

리우징: 실례합니다만, 영미씨인가요?

영　미: 당신이 바로 제 중국어 선생님이군요?

리우징: 네, 리우징이라고 해요. 미안합니다, 제가 늦었어요.

영　미: 괜찮아요, 저도 막 온 걸요. 알게 되어 반갑습니다.

리우징: 중국어 정말 잘하시네요!

영　미: 뭘요, 아직 멀었어요.

리우징: 지금은 일을 안 한다면서요.

영　미: 네, 중국어를 열심히 공부하려고요.

我在清华大学汉语班学习，

我觉得我的口语不好。

朋友给我介绍了一位辅导老师。

她叫刘晶，23岁，不胖不瘦。

刘晶没去过韩国。

不过，她知道很多韩国明星，

也对韩国化妆品很感兴趣。

我很高兴有了一位辅导老师。

清华大学	Qīnghuá Dàxué	칭화 대학
班	bān	반
觉得	juéde	…(이)라고 느끼다, …(이)라고 여기다
口语	kǒuyǔ	회화, 구어
岁	suì	나이를 세는 단위
胖	pàng	뚱뚱하다
瘦	shòu	마르다
不过	búguò	그러나
知道	zhīdao	알다
明星	míngxīng	스타
对	duì	…에 대하여
感兴趣	gǎn xìngqù	관심이 있다, 흥미가 있다

Wǒ zài Qīnghuá Dàxué Hànyǔ bān xuéxí,
wǒ juéde wǒ de kǒuyǔ bù hǎo.
Péngyou gěi wǒ jièshàole yí wèi fǔdǎo lǎoshī.
Tā jiào Liú Jīng, èrshísān suì, bú pàng bú shòu.
Liú Jīng méi qùguo Hánguó.
Búguò, tā zhīdao hěn duō Hánguó míngxīng,
yě duì Hánguó huàzhuāngpǐn hěn gǎn xìngqù.
Wǒ hěn gāoxìng yǒule yí wèi fǔdǎo lǎoshī.

1 给 A 介绍 B

동사 '介绍 jièshào'는 '给 A 介绍 B'의 형식으로 쓰여 'A에게 B를 소개하다'라는 뜻이 된다.

- 给我介绍一个女朋友吧。 제게 여자 친구 한 명 소개 해주세요.
- 我给老师介绍了我的家人。 저는 선생님에게 우리 가족을 소개하였습니다.

2 就是

'就是 jiùshì'는 '바로, 틀림없이 …이다'의 의미로 사실이 바로 그러함을 강조할 때 쓰인다.

- 明天就是星期天。 내일이 바로 일요일입니다.
- 坐着的人就是我弟弟。 앉아 있는 사람이 바로 제 남동생입니다.

3 정도보어 (1)

구조조사 '得'를 사용하여 동작의 정도를 나타낸다. 동사 뒤에 목적어가 오면 동사를 반복한 후에 보어를 사용해야 한다. 이때는 앞에 있는 동사를 생략하고 목적어 + 동사 + 得 + 보어 의 형식을 취할 수도 있다.

- 唱歌唱得很好。 노래를 잘 부릅니다.
- 她的菜做得好吃。 그녀는 요리를 맛있게 합니다.

4 不 A 不 B

의미가 상반되는 형용사 앞에 '不'를 붙여 '不 A 不 B' 형식으로 쓰면 'A 하지도 않고, B 하지도 않다'라는 의미가 되어 애매하거나 적당한 상태를 나타낸다.

- 不冷不热。날씨가 춥지도 않고 덥지도 않습니다. (애매하다)
- 不大不小。크기가 크지도 않고 작지도 않습니다. (적당하다)

5 对 … 感兴趣

흥미의 대상을 나타내고자 할 때는 '对 A 感兴趣'의 형식으로 'A에 흥미가 있다, 관심이 있다'라고 표현할 수 있다.

- 我对那个人不感兴趣。저는 그 사람에게 관심이 없습니다.
- 我对中国菜很感兴趣。저는 중국 요리에 많은 관심이 있습니다.

중국에서는 칭찬을 들었을 때 '谢谢'로 대답하지 않고, 주로 겸손의 표현을 사용하여 대답합니다.

哪里。아닙니다.
哪里哪里。별말씀을요.
您过奖了。과찬입니다.
还差得远呢！아직 멀었는 걸요!

判 断 对 错 ○× 문제

본문내용과 일치하면 ○, 틀리면 ×에 표기하세요.

1. 刘晶和英美已经认识。 (○ ×)

2. 刘晶迟到了，英美很不高兴。 (○ ×)

3. 刘晶不高，有点儿胖。 (○ ×)

4. 英美很高兴认识了刘晶。 (○ ×)

5. 英美是刘晶的韩语辅导老师。 (○ ×)

6. 刘晶觉得英美写字写得很好。 (○ ×)

7. 英美觉得刘晶的汉语很差。 (○ ×)

8. 刘晶喜欢美国化妆品。 (○ ×)

9. 刘晶去过几次韩国。 (○ ×)

10. 英美不工作了，她要努力学习。 (○ ×)

回 答 问 题 묻고 답하기

본문내용을 숙지하여 다음 질문에 답하세요.

1. 刘晶是谁？她多大？

2. 谁给英美介绍了刘晶？

3. 刘晶觉得英美的汉语怎么样？

4. 英美觉得自己的汉语怎么样？

5. 刘晶对什么感兴趣？

6. 英美现在上班还是学习？

听力 듣기훈련

第一部分 대화를 듣고 질문에 알맞은 답을 고르세요. 

1. A 十点　　　　　　B 十点一刻　　　　　C 差十分十点

2. A 运动很累　　　　B 工作很累　　　　　C 学习很累

3. A 书店　　　　　　B 网吧　　　　　　　C 咖啡厅

4. A 他的老师　　　　B 他的家人　　　　　C 他的妻子

5. A 韩国电影　　　　B 韩国衣服　　　　　C 韩国化妆品

第二部分 문장을 듣고 질문에 알맞은 답을 고르세요. 

1. A 学生　　　　　　B 明星　　　　　　　C 老师

2. A 没衣服穿　　　　B 瘦得不好看　　　　C 太喜欢运动

3. A 韩国大学　　　　B 韩国明星　　　　　C 韩国化妆品

4. A 不会说汉语　　　B 没有认识的人　　　C 能看中国电影

5. A 同事　　　　　　B 朋友　　　　　　　C 工作

1 빈칸에 알맞은 단어를 보기 에서 고르세요.

> 보기   A 介绍   B 努力   C 辅导   D 知道   E 迟到

① 她给我________了工作。

② 你________王老师家在哪儿吗?

③ 工作也好学习也好，我们都要________。

④ 我________了十分钟，老师说没关系。

⑤ 我儿子学习不好，朋友给我介绍了一位________老师。

2 다음 문제와 연관된 문장을 보기 에서 고르세요.

> 보기   A 他会开车吗?
>
> B 我觉得很好听。
>
> C 我对明星不感兴趣。
>
> D 听说你妻子是美国人。
>
> E 我们以前是大学同学。
>
> F 朋友都说我瘦了，真高兴！

예 你们已经认识了?　　　　　　　　(E)

① 你高兴什么?　　　　　　　　　(　)

② 会，他开车开得很好。　　　　　(　)

③ 你知道很多明星吗?　　　　　　(　)

④ 我和她是在美国认识的。　　　　(　)

⑤ 你觉得这音乐怎么样?　　　　　(　)

02

问路

Wèn lù

길 묻기

英美要去西单，她向行人问路。
Yīngměi yào qù Xīdān, tā xiàng xíngrén wèn lù.

英美　请问，西单怎么走？
Qǐngwèn, Xīdān zěnme zǒu?

行人　一直往前走，到十字路口往右拐。
Yìzhí wǎng qián zǒu, dào shízì lùkǒu wǎng yòu guǎi.

英美　对不起，请说慢点儿，好吗？
Duìbuqǐ, qǐng shuō màn diǎnr, hǎo ma?

行人　看到前面的红绿灯了吗？
Kàndào qiánmian de hónglǜdēng le ma?

英美　看到了。
Kàndào le.

行人　在那儿往右拐就是西单。
Zài nàr wǎng yòu guǎi jiùshì Xīdān.

英美　走着去要多长时间？
Zǒuzhe qù yào duōcháng shíjiān?

行人　大概……十分钟左右。
Dàgài…… shí fēnzhōng zuǒyòu.

向	xiàng	…에게, …(을)를 향하여
行人	xíngrén	행인
问路	wèn lù	길을 묻다
西单	Xīdān	(地) 시단
一直	yìzhí	곧바로, 줄곧
往	wǎng	…(을)를 향하여
到	dào	…에 이르다, 도착하다
十字路口	shízì lùkǒu	사거리
拐	guǎi	방향을 바꾸다, 꺾다
请	qǐng	상대방에게 어떤 일을 부탁하거나 권함
前面	qiánmian	앞, 앞쪽
红绿灯	hónglǜdēng	신호등
大概	dàgài	대충, 아마도
左右	zuǒyòu	정도

영미가 시단에 가려고, 행인에게 길을 묻습니다.

영 미: 말씀 좀 물을게요, 시단은 어떻게 가나요?

행 인: 쭉 앞으로 가다가 사거리에서 우회전하세요.

영 미: 죄송하지만, 좀 천천히 말씀해 주시겠어요?

행 인: 앞쪽에 신호등 보여요?

영 미: 보입니다.

행 인: 거기서 우회전하면 바로 시단이에요.

영 미: 걸어가면 얼마나 걸리나요?

행 인: 아마… 10분 정도 걸릴 거에요.

西单是一个有名的地方。

我打算自己去看看。

北京的路我不了解，

走着走着我迷路了。

我向别人打听怎么走，

他很详细地告诉了我。

西单真热闹，

不但有小吃，而且有很多名牌儿店。

☐	有名	yǒumíng	유명하다
☐	地方	dìfang	곳, 장소
☐	打算	dǎsuan	…할 작정이다, …할 계획이다
☐	自己	zìjǐ	자기, 스스로
☐	了解	liǎojiě	(자세히) 알다, 이해하다
☐	迷路	mí lù	길을 잃다
☐	别人	biérén	다른 사람
☐	打听	dǎting	물어보다, 알아보다
☐	详细	xiángxì	상세하다
☐	地	de	부사격 구조조사
☐	告诉	gàosu	알리다, …에게 말하다
☐	热闹	rènao	번화하다
☐	不但	búdàn	…뿐만 아니라
☐	小吃	xiǎochī	간단한 먹을거리
☐	而且	érqiě	게다가, 또한
☐	名牌儿	míngpáir	유명 브랜드, 명품

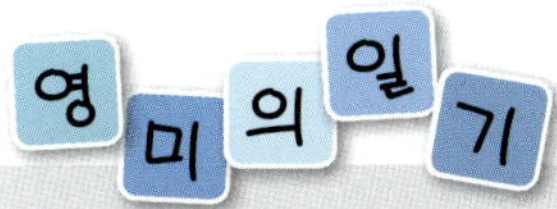

Xīdān shì yí ge yǒumíng de dìfang.
Wǒ dǎsuan zìjǐ qù kànkan.
Běijīng de lù wǒ bù liǎojiě,
zǒuzhe zǒuzhe wǒ mí lù le.
Wǒ xiàng biérén dǎting zěnme zǒu,
tā hěn xiángxì de gàosu le wǒ.
Xīdān zhēn rènao,
búdàn yǒu xiǎochī, érqiě yǒu hěn duō míngpáirdiàn.

1 往과 向

1) '往 wǎng'은 동작이 이동해 가는 방향을 가리키는 전치사로, 往 + 방위사 + 동사 의
   형식으로 쓰여 '…을(를) 향해 …하다'라는 의미를 나타낸다.

- 你快往前跑！어서 앞으로 뛰세요!
- 从上边儿往下看。위쪽에서 아래로 내려다보았습니다.

2) '往'은 방위나 장소를 나타내는 명사와 함께 쓰일 수 있지만 사람을 지칭하는 명사와는 함께 쓸
   수 없는 반면, '向 xiàng'은 방위사, 장소사는 물론 인칭명사와 추상명사까지도 함께 써서 방향을
   나타낼 수 있다.

- 我们往前走。　　　（ㅇ）
  我们向前走。　　　（ㅇ）우리는 앞으로 갑니다.
- 大家都向我看。　　（ㅇ）
  大家都往我这儿看。（ㅇ）모두 다 내 쪽을 보세요.

> 跑 pǎo 달리다, 뛰다

2 左右

'左右 zuǒyòu'는 수량이나 시간의 양을 나타내는 표현 뒤에서 어림잡아 계산했다는 '대략, 안팎, 정
도'의 의미를 나타낸다. 추측을 나타내는 부사 '大概 dàgài'와 함께 쓰이기도 한다.

- 我汉语学了五个月左右。저는 중국어를 5개월 정도 배웠습니다.
- 教室里大概有十二人左右。교실 안에는 대략 12명 정도 있습니다.

> 教室 jiàoshì 교실

3 A 着 A 着

상태의 지속을 나타내는 '着'를 동사와 함께 반복해서 사용하면, 그 동작을 하고 있는 사이 자신도
모르게 다른 상황에 진입하게 되었음을 나타내어 '…하다(가) …하게 되었다'는 의미가 된다.

- 他看着看着就睡了。그는 보다가 보다가 잠이 들었습니다.
- 女朋友说着说着哭了。여자 친구는 말을 하다 하다 울어버렸습니다.

> 哭 kū 울다

4 결과보어 到

1) 결과보어로 쓰인 '到'는 목적 달성의 의미를 나타낸다.

- 我听到他说的。 그가 말하는 것을 들었습니다.
- 没想到他来了。 그가 왔을 줄은 생각지도 못했습니다.

2) '到'는 '…까지 행해지다'라는 의미의 결과보어로 어떤 장소나 시간에 도달하였음을 나타낸다.

- 我昨天开到学校去了。 저는 어제 학교까지 운전해서 갔습니다.
- 他等女朋友等到两点了。 그는 여자 친구를 2시까지 기다렸습니다.

5 구조조사 地

형용사는 원래 명사를 수식하지만, 형용사 뒤에 부사격 조사 '地 de'를 붙이면 동사를 수식하는 부사어의 역할을 할 수 있다.

- 学生们认真地学习。 학생들은 진지하게 공부합니다.
- 老板很满意地笑了。 사장님은 아주 만족스럽게 웃었습니다.

> 认真 rènzhēn 진지하다　满意 mǎnyì 만족하다　笑 xiào 웃다

6 不但 A 而且 B

'A 할 뿐만 아니라 B 하기도 하다'라는 의미로 뒷 절에서 한층 더 심화되는 상황을 보여준다.

- 她不但聪明，而且漂亮。 그녀는 영리할 뿐 아니라 예쁘기도 합니다.
- 不但价格便宜，而且东西也好。 가격이 저렴할 뿐만 아니라 물건도 좋습니다.

> 聪明 cōngming 영리하다　价格 jiàgé 가격

본문내용과 일치하면 ○, 틀리면 ✕에 표기하세요.

1. 英美知道怎么去西单。　　　　　　　　　　　　(○　✕)

2. 英美很了解北京的路。　　　　　　　　　　　　(○　✕)

3. 从这儿到西单要坐地铁。　　　　　　　　　　　(○　✕)

4. 西单离这儿很近，走两分钟左右就到了。　　　　(○　✕)

5. 英美迷路了，她向行人打听怎么走。　　　　　　(○　✕)

6. 英美觉得行人说话说得快。　　　　　　　　　　(○　✕)

7. 行人也不知道去西单的路。　　　　　　　　　　(○　✕)

8. 朋友很详细地告诉她怎么去西单。　　　　　　　(○　✕)

9. 西单有名牌儿店，也有很多小吃店。　　　　　　(○　✕)

10. 英美觉得西单不怎么样。　　　　　　　　　　　(○　✕)

回 答 问 题　묻고 답하기

본문내용을 숙지하여 다음 질문에 답하세요.

1. 英美和谁一起去西单了？

2. 从这儿到西单怎么走？多长时间？

3. 英美要坐车去还是走路去？

4. 英美为什么迷路了？

5. 西单是什么地方？

6. 英美是怎么到西单的？

第一部分 대화를 듣고 질문에 알맞은 답을 고르세요. 

1. A 行人　　　　　B 东东　　　　　C 家人

2. A 银行对面　　　B 银行旁边儿　　C 银行后边儿

3. A 不常出去　　　B 刚来北京　　　C 没有地图

4. A 半个小时　　　B 一个小时　　　C 一个半小时

5. A 名牌儿店多　　B 喜欢名牌儿　　C 名牌儿不贵

第二部分 문장을 듣고 질문에 알맞은 답을 고르세요.

1. A 名牌儿店　　　B 辅导老师　　　C 热闹地方

2. A 台湾的东西　　B 台湾的天气　　C 台湾的雨伞

3. A 在中国住过　　B 在中国学过　　C 在中国留过学

4. A 韩服　　　　　B 韩国酒　　　　C 韩国小吃

5. A 行人　　　　　B 司机　　　　　C 朋友

1 빈칸에 알맞은 단어를 보기 에서 고르세요.

> 보기　　A 详细　　B 有名　　C 迷路　　D 热闹　　E 了解

① 她在首尔住了十年，很_______首尔。

② 我们都不知道。请你_______地告诉我们。

③ 她工作好，人也漂亮，在我们公司很_______。

④ 公园里一天都很_______，人们都出来做运动。

⑤ 她走着走着_______了，就打电话向朋友打听。

2 다음 문제와 연관된 문장을 보기 에서 고르세요.

> 보기　　A 谢谢，我等你。
>
> 　　　　B 是啊，一斤要五块钱呢。
>
> 　　　　C 今年冬天你有什么打算?
>
> 　　　　D 你说迷路了，怎么来的?
>
> 　　　　E 我们去西单吧，那儿的小吃很多。
>
> 　　　　F 我对名牌儿不感兴趣。

例 我想吃北京小吃。　　　　　　　　(E)

① 我打算去学习滑雪。　　　　　　　(　　)

② 明天我带你去，你等我吧。　　　　(　　)

③ 我打电话问朋友了。　　　　　　　(　　)

④ 你喜欢什么名牌儿包?　　　　　　(　　)

⑤ 今天的鸡蛋比昨天贵了。　　　　　(　　)

03

打电话
Dǎ diànhuà
전화 걸기

张海要请英美和刘晶去看球赛。
Zhāng Hǎi yào qǐng Yīngměi hé Liú Jīng qù kàn qiúsài.

张海	喂，英美吗？我是张海。 Wéi, Yīngměi ma? Wǒ shì Zhāng Hǎi.
英美	张海，好久不见，你换了手机号码吗？ Zhāng Hǎi, hǎojiǔ bú jiàn, nǐ huànle shǒujī hàomǎ ma?
张海	对，13728681111。 Duì, yāo sān qī èr bā liù bā yāo yāo yāo yāo.
英美	你这号码真好记！ Nǐ zhè hàomǎ zhēn hǎojì!
张海	对了，别忘了告诉刘晶一起去看球赛。 Duì le, bié wàngle gàosu Liú Jīng yìqǐ qù kàn qiúsài.
英美	我已经转告她，和她约好了。 Wǒ yǐjīng zhuǎngào tā, hé tā yuēhǎo le.
张海	星期六上午十点半，在学校门口见。 Xīngqīliù shàngwǔ shí diǎn bàn, zài xuéxiào ménkǒu jiàn.
英美	好，不见不散。 Hǎo, bú jiàn bú sàn.

请	qǐng	초대하다, 한턱내다
球赛	qiúsài	구기 경기
喂	wéi	여보세요
好久不见	hǎojiǔ bú jiàn	오래간만이다
换	huàn	바꾸다
号码	hàomǎ	번호
好记	hǎojì	기억하기 쉽다
别	bié	…하지 마라
忘	wàng	잊다
转告	zhuǎngào	(말을) 전달하다
约	yuē	약속하다
学校	xuéxiào	학교
门口	ménkǒu	입구
不见不散	bú jiàn bú sàn	만날 때까지 기다리다

장하이가 영미와 리우징에게 구기 시합을 보여주려 합니다.

장하이: 여보세요, 영미니? 나 장하이야.

영 미: 장하이, 오랜만이야, 너 휴대폰 번호 바꿨어?

장하이: 응, 13728681111.

영 미: 정말 기억하기 쉬운 번호네!

장하이: 맞다, 잊지 말고 리우징에게 같이 구기시합 보러 가는 거 알려줘.

영 미: 벌써 전달하고, 약속까지 잡아놨어.

장하이: 토요일 오전 10시 반에 교문에서 만나.

영 미: 좋아, 올 때까지 기다릴게.

我最近学习很忙，

不常和朋友联系。

今天一下课就接到张海的电话，

他告诉我换了新的手机号儿。

张海有三张篮球比赛的门票，

他约我和刘晶一起去看。

这次的球赛是北京队对上海队。

张海是北京人，他要给北京队加油。

生词 새로운 단어 🎧16

最近	zuìjìn	최근
联系	liánxì	연락하다
一…就…	yī… jiù…	…하자마자 …하다
下课	xià kè	수업이 끝나다
接	jiē	(전화를) 받다
新	xīn	새롭다
号(儿)	hào(r)	번호, 사이즈
篮球	lánqiú	농구
比赛	bǐsài	경기
门票	ménpiào	입장권
队	duì	팀, 무리
对	duì	상대하다, 대응하다
加油	jiāyóu	격려하다, 응원하다

Wǒ zuìjìn xuéxí hěn máng,
bù cháng hé péngyou liánxì.
Jīntiān yí xià kè jiù jiēdào Zhāng Hǎi de diànhuà,
tā gàosu wǒ huànle xīn de shǒujī hàor.
Zhāng Hǎi yǒu sān zhāng lánqiú bǐsài de ménpiào,
tā yuē wǒ hé Liú Jīng yìqǐ qù kàn.
Zhè cì de qiúsài shì Běijīng duì duì Shànghǎi duì.
Zhāng Hǎi shì Běijīng rén, tā yào gěi Běijīng duì jiāyóu.

1 여러 가지 역할의 好

1) 동작을 나타내는 동사 앞에 쓰여 '…하기가 쉽다, …하기 편하다'는 의미를 나타낸다.

- 地铁站很好找。 지하철역은 찾기 쉽습니다.
- 没有手机不好联系。 휴대폰이 없으니, 연락하기 어렵습니다.

2) 형용사나 수량사 등의 앞에 쓰여 많거나 오래되었음을 나타낸다.

- 我等了好久好久。 저는 오래 오래 기다렸습니다.
- 我打过好几次电话。 저는 여러 번 전화를 걸었습니다.

3) 동사 뒤에서 결과보어로 쓰여 동작이 완성되었거나 잘 마무리되었음을 나타낸다.

- 东西都准备好了。 물건들은 모두 다 준비되었습니다.
- 他们都换好衣服洗好手了。 그들은 모두 옷을 다 갈아 입고 손을 잘 씻었습니다.

> 好找 hǎozhǎo 찾기 쉽다　好久 hǎojiǔ 오랫동안
> 准备 zhǔnbèi 준비하다　洗手 xǐ shǒu 손을 씻다

2 别…了

명령이나 금지를 나타내는 '别 bié'는 '…하지 마라'의 뜻으로 눈 앞에서 벌어지는 상황을 제지하는 표현이 된다. 어기조사 '了'와 함께 쓰여 '이제 …하지 마라'의 어감을 나타낼 수 있다.

- 大家别客气，多吃点儿。 모두들 사양하지 말고, 좀 더 먹어요.
- 这个不好吃，别再买了。 이건 맛 없으니, 다시는 사지 말아요.

> 客气 kèqi 사양하다　再 zài 다시

⑤ 一 A 就 B

'A 하자마자 곧 B하다'의 의미로 두 상황이 연이어 이어짐을 나타낸다.

- 一下班就回家。 퇴근 하자마자 집으로 갑니다.
- 我一听就知道是你。 (목소리를) 듣자마자 당신인 줄 알았습니다.

④ 给…加油

응원하는 대상을 표현하고자 할 때는 전치사 '给'로 대상을 끌어낼 수 있다.

- 请大家给我们加油！여러분 저희를 응원해 주세요!
- 我们一起给红队加油吧。우리 함께 홍팀을 응원합시다.

'好久不见'은 '오랫동안 만나지 못했네요, 오랜만이네요'라는 뜻으로 '好久没见'으로 표현하기도 합니다. 하지만 두 가지 표현에는 어감의 차이가 있는데요, '好久没见'은 그동안 만나지 못했다는 객관적인 사실만을 강조하지만, '好久不见'는 만나고 싶었다는 심정을 강조하기 때문에 실생활에서 더 자주 사용됩니다.

'不见不散'은 '만나지 않으면 흩어지지 않겠다'는 뜻으로, '만날 때까지 기다리겠다'는 의지의 표현이 됩니다. 중국인들은 통상 약속을 한 후에 '不见不散'이라는 말로 마무리하여 '꼭 만나자'는 의미를 강조하곤 합니다.

본문내용과 일치하면 O, 틀리면 ×에 표기하세요.

1. 英美常和张海联系。 (O ×)

2. 今天英美给张海打了电话。 (O ×)

3. 英美最近常见朋友。 (O ×)

4. 他们两个人去看球赛。 (O ×)

5. 张海有三张游泳比赛的门票。 (O ×)

6. 他们约好在英美家门口见。 (O ×)

7. 这次比赛是中国队对韩国队。 (O ×)

8. 张海要给韩国队加油。 (O ×)

9. 张海的手机号码不好记。 (O ×)

10. 英美忘了告诉刘晶一起去看球赛。 (O ×)

回 答 问 题 묻고 답하기

본문내용을 숙지하여 다음 질문에 답하세요.

1. 英美最近常和朋友联系吗?

2. 张海的新手机号儿是多少?

3. 英美什么时候接到了张海的电话?

4. 张海和英美约好一起去看电影吗?

5. 他们约好什么时候在哪儿见?

6. '不见不散'是要见还是不要见?

第一部分　대화를 듣고 질문에 알맞은 답을 고르세요. 🎧17

1. A 公园　　　　　　B 医院　　　　　　C 电影院

2. A 工作忙　　　　　B 每天开会　　　　C 学习太忙

3. A 游泳　　　　　　B 滑雪　　　　　　C 辅导

4. A 他没有手机　　　B 他家没有电话　　C 他家的电话不好

5. A 一张也没有　　　B 两张　　　　　　C 三张

第二部分　문장을 듣고 질문에 알맞은 답을 고르세요. 🎧18

1. A 周末就看　　　　B 有钱就看　　　　C 有比赛就看

2. A 好久不见　　　　B 没有联系　　　　C 不高兴了

3. A 没有联系　　　　B 学习很忙　　　　C 工作很忙

4. A 老板不在　　　　B 回家看球赛　　　C 今天妈妈生日

5. A 不常打　　　　　B 不好记　　　　　C 换了新号码

1 빈칸에 알맞은 단어를 보기 에서 고르세요.

> 보기　　A 就　　B 联系　　C 门票　　D 最近　　E 比赛

① 好久不见，＿＿＿＿忙吗？

② 我们迟到了，没有买到＿＿＿＿。

③ 今天的＿＿＿＿是北京队对上海队。

④ 请告诉我你的手机号，我给你＿＿＿＿。

⑤ 她在公司忙了一天，一回家＿＿＿＿睡了。

2 다음 문제와 연관된 문장을 보기 에서 고르세요.

> 보기　　A 好的，不见不散。
>
> 　　　　B 小李怎么还没来？
>
> 　　　　C 好的，我一定告诉他。
>
> 　　　　D 她去了中国，下周回来。
>
> 　　　　E 你今天几点下课，我去见你。
>
> 　　　　F 我有两张电影票，明天一起去看吧。

예　他说十分钟就到。　　　　　　　　　　（　B　）

① 下午五点下课。　　　　　　　　　　　　（　　　）

② 我好久没见到英美了。　　　　　　　　　（　　　）

③ 明天上午九点新华书店门口见。　　　　　（　　　）

④ 明天不行，我和同事约好了。　　　　　　（　　　）

⑤ 请转告王老板，我们今天三点到。　　　　（　　　）

04

做客

Zuò kè

방문

刘晶请英美到她家来做客。
Liú Jīng qǐng Yīngměi dào tā jiā lái zuò kè.

刘晶　　欢迎欢迎，快请进。
　　　　Huānyíng huānyíng, kuài qǐng jìn.

英美　　我买了一些水果。
　　　　Wǒ mǎile yìxiē shuǐguǒ.

刘晶　　怎么这么客气。
　　　　Zěnme zhème kèqi.

英美　　第一次来你家怎么能空手呢。
　　　　Dìyī cì lái nǐ jiā zěnme néng kōngshǒu ne.

刘晶　　快坐吧！我去厨房准备准备。
　　　　Kuài zuò ba! Wǒ qù chúfáng zhǔnbèi zhǔnbèi.

英美　　需要我帮忙吗？我可以帮你。
　　　　Xūyào wǒ bāng máng ma? Wǒ kěyǐ bāng nǐ.

刘晶　　不用了，菜马上就好了。
　　　　Búyòng le, cài mǎshàng jiù hǎo le.

英美　　今天我要好好儿吃一顿。
　　　　Jīntiān wǒ yào hǎohāor chī yí dùn.

生词 새로운 단어 🎧20

做客	zuò kè	손님이 되다, 방문하다
欢迎	huānyíng	환영하다
进	jìn	(밖에서 안으로) 들다
一些	yìxiē	약간, 조금
这么	zhème	이러한, 이렇게
客气	kèqi	정중하다
第一	dìyī	맨 처음, 첫 번째
空手	kōng shǒu	맨손, 빈손
准备	zhǔnbèi	준비하다
需要	xūyào	필요하다
帮忙	bāng máng	일을 돕다
可以	kěyǐ	…할 수 있다, …해도 좋다
不用	búyòng	…할 필요가 없다
马上	mǎshàng	곧, 즉시
顿	dùn	식사 등의 횟수를 세는 단위

리우징이 영미가 그녀의 집을 방문하도록 초대했습니다.

리우징: 환영해, 어서 들어와.

영　미: 내가 과일 좀 샀어.

리우징: 뭘 이렇게 예의를 차려.

영　미: 처음으로 너희 집에 오는데 어떻게 빈손으로 오니.

리우징: 어서 앉아! 난 주방에 가서 준비 좀 할게.

영　미: 내가 도와줄까? 도움이 될 거야.

리우징: 괜찮아, 음식 금방 다 돼.

영　미: 오늘 한 끼 잘 먹어야겠네.

今天我去刘晶家做客。

她要请我吃家常菜。

我不能空手去，

所以在超市买了一些水果。

刘晶准备了地道的中国菜。

除了麻婆豆腐、鱼香肉丝以外，还有宫保鸡丁。

她的手艺不错，我吃得很饱。

中国菜虽然有点儿油腻，但味道好极了。

生词

家常菜	jiāchángcài	가정 요리
所以	suǒyǐ	그래서, 그런 까닭에
地道	dìdao	진짜의, 본고장의
除了	chúle	…을(를) 제외하고
麻婆豆腐	má pó dòufu	(菜) 마포떠우푸
鱼香肉丝	yú xiāng ròu sī	(菜) 위샹러우쓰
以外	yǐwài	이외에
还	hái	또, 더
宫保鸡丁	gōng bǎo jī dīng	(菜) 꽁바오지딩
手艺	shǒuyì	솜씨
不错	búcuò	괜찮다, 좋다
饱	bǎo	배부르다
虽然	suīrán	비록 …일지라도
油腻	yóunì	기름지다, 느끼하다
但(是)	dàn(shì)	그러나, 하지만
味道	wèidao	맛
极了	jí le	아주, 몹시

Jīntiān wǒ qù Liú Jīng jiā zuò kè.
Tā yào qǐng wǒ chī jiāchángcài.
Wǒ bù néng kōng shǒu qù,
suǒyǐ zài chāoshì mǎile yìxiē shuǐguǒ.
Liú Jīng zhǔnbèile dìdao de Zhōngguó cài.
Chúle má pó dòufu、yú xiāng ròu sī yǐwài, hái yǒu gōng bǎo jī dīng.
Tā de shǒuyì búcuò, wǒ chī de hěn bǎo.
Zhōngguó cài suīrán yǒudiǎnr yóunì, dàn wèidao hǎo jí le.

1 동사 중첩

동사를 중첩하면 '좀 …하다, 시험 삼아 …해보다'라는 의미가 되어 가벼운 어감을 나타낸다.

1) 단음절 동사의 중첩형식은 A一A, AA 등을 사용한다. AA 형식으로 중첩한 경우 두번째 음절은 경성으로 읽는다.

- 你和他说一说吧。 당신이 그와 좀 이야기해 보세요.
- 我们一起打打篮球。 우리 농구 좀 같이 합시다.

2) 2음절 동사의 중첩형식은 ABAB, AAB 등을 쓰며, AB一AB의 형식은 쓰지 않는다.

- 我帮你准备准备。 제가 당신을 도와 좀 준비하겠습니다.
- 吃饱了出去散散步。 배가 부르니 나가서 산책 좀 하겠습니다.

打 dǎ （운동을) 하다

2 형용사 중첩

형용사를 중첩하면 일반적으로 묘사성과 정도가 강해진다. 따라서 중첩된 형용사에는 정도부사를 쓸 수 없고 부정형으로도 쓰지 않는다.

1) 단음절 형용사의 중첩형은 부사어로 쓰일 수 있다. 이때 두 번째 음절은 자주 제1성으로 변하고 얼화(儿化)하는 경우가 많다.

- 大家要好好儿想想。 모두들 잘 생각해봐야 합니다.
- 下雪天要慢慢儿开车。 눈 오는 날은 천천히 운전해야 합니다.

2) 중첩된 형용사가 술어가 되어 문장의 끝에 쓰일 때는 '的'를 붙인다.

- 房间里干干净净的。 방 안은 깨끗합니다.
- 他的女朋友瘦瘦高高的。 그의 여자 친구는 마르고 키가 큽니다.

房间 fángjiān 방 干净 gānjìng 깨끗하다

3 怎么能…

'어떻게 …할 수 있습니까?'의 뜻으로 반어적 어감을 나타내어 '不能'의 의미가 된다.

- 这里怎么能上网呢。（这里不能上网。）
  여기서 어떻게 인터넷을 할 수 있겠습니까. (여기서는 인터넷을 할 수 없다.)
- 那么远怎么能走着去。（不能走着去。）
  저렇게 먼데 어떻게 걸어서 갈 수 있겠습니까. (걸어서 갈 수 없다.)

> 这里 zhèlǐ 이곳, 여기

4 除了 A 以外 B

'…을(를) 제외하고, …이외에도'의 뜻으로 어떤 대상 외에 또 다른 것이 있음을 나타낼 때 쓰이며 '以外'는 생략이 가능하다. '还'나 '也'를 함께 쓰는 경우가 많다.

- 除了米饭以外，还有面条。 쌀 밥 외에도, 면이 있습니다.
- 钱包里除了钱，还有信用卡。 지갑 안에는 돈 외에 신용카드도 있습니다.

> 面条 miàntiáo 국수   钱包 qiánbāo 지갑   信用卡 xìnyòngkǎ 신용카드

5 虽然 A 但是 B

'비록 A이지만, 그러나 B이다'라는 의미로 전환관계를 나타낸다.

- 虽然他不高，但打篮球打得好。 그는 비록 키가 크지 않지만 농구를 잘합니다.
- 我虽然会做饭，可是做得不好。 저는 밥을 할 수 있기는 하지만, 잘하지는 못합니다.

6 정도보어 (2)

형용사 뒤에 '极了 jí le'를 붙여 그 정도가 최고조에 이르렀음을 나타낼 수 있다. '极了'는 보통 문장 끝에 위치한다.

- 上海好玩儿极了。 상하이는 정말 놀기 재미있습니다.
- 跑来跑去累极了。 달려다녔더니 너무 힘듭니다.

본문내용과 일치하면 ○, 틀리면 ×에 표기하세요.

1. 英美去刘晶家学习汉语。　　　　　　　　　　(○　×)

2. 英美常去刘晶家吃饭。　　　　　　　　　　　(○　×)

3. 英美带着水果去了刘晶家。　　　　　　　　　(○　×)

4. 英美帮刘晶在厨房做菜。　　　　　　　　　　(○　×)

5. 刘晶请英美去餐厅吃饭。　　　　　　　　　　(○　×)

6. 刘晶准备了一个家常菜。　　　　　　　　　　(○　×)

7. 刘晶做面包的手艺不错。　　　　　　　　　　(○　×)

8. 这顿饭英美没吃饱。　　　　　　　　　　　　(○　×)

9. 今天英美请客，刘晶做客。　　　　　　　　　(○　×)

10. 中国菜虽然很好吃，但有点儿油腻。　　　　　(○　×)

回 答 问 题　　묻고 답하기

본문내용을 숙지하여 다음 질문에 답하세요.

1. 英美今天去哪儿干什么？

2. 今天谁请谁吃饭？

3. 英美空手去刘晶家了吗？

4. 除了麻婆豆腐以外，还有什么菜？

5. 刘晶做菜的手艺怎么样？

6. 英美觉得中国菜怎么样？

第一部分 대화를 듣고 질문에 알맞은 답을 고르세요. 

1. A 鸡蛋　　　　B 水果　　　　C 鸡和鱼

2. A 迷路了　　　B 空手来了　　C 不能空手来

3. A 宫保鸡丁　　B 麻婆豆腐　　C 鱼香肉丝

4. A 家常菜　　　B 鱼香肉丝　　C 宫保鸡丁

5. A 生日礼物　　B 做客礼物　　C 旅游礼物

第二部分 문장을 듣고 질문에 알맞은 답을 고르세요.

1. A 太辣　　　　B 不油腻　　　C 味道好

2. A 运动　　　　B 辅导　　　　C 学习

3. A 很地道　　　B 没有手艺　　C 还差得远

4. A 没有钱　　　B 不好看　　　C 不需要

5. A 化妆　　　　B 准备菜　　　C 接电话

1 빈칸에 알맞은 단어를 [보기]에서 고르세요.

> [보기]　　A 空手　　B 准备　　C 生意　　D 地道　　E 做客

① 这餐厅虽然不大，但＿＿＿＿非常好。

② 他的汉语说得很＿＿＿＿，像中国人一样好。

③ 妈妈去买菜，忘了带钱，所以＿＿＿＿回来了。

④ 今天我们一起去老板家＿＿＿＿，大家都吃得很饱。

⑤ 女儿下星期要上学了，妈妈给她＿＿＿＿了书包和笔。

2 다음 문제와 연관된 문장을 [보기]에서 고르세요.

> [보기]　　A 我现在马上去。
>
> 　　　　　B 需要我帮忙吗？
>
> 　　　　　C 但汉语说得很好。
>
> 　　　　　D 不是买的，是朋友给我的。
>
> 　　　　　E 她不但会做菜，而且做得也好吃。
>
> 　　　　　F 你的手艺真不错，可以做餐厅老板了。

[예] **你还没去银行吗？**　　　　　　　　　　（　A　）

① 她虽然不是中国人，　　　　　　　　　　（　　）

② 听说她会做很多家常菜。　　　　　　　　（　　）

③ 是的，请你帮我准备两杯咖啡。　　　　　（　　）

④ 你的雨伞真漂亮，在哪儿买的？　　　　　（　　）

⑤ 这麻婆豆腐是我做的，味道怎么样？　　　（　　）

05

谈工作
Tán gōngzuò
직업 이야기

英美和张海在咖啡厅谈他们的工作。
Yīngměi hé Zhāng Hǎi zài kāfēitīng tán tāmen de gōngzuò.

英美	周末不上班，你都做什么？
	Zhōumò bú shàng bān, nǐ dōu zuò shénme?
张海	上网、睡懒觉、去酒吧。
	Shàng wǎng、shuì lǎnjiào、qù jiǔbā.
英美	我以前上班的时候，常和同事去旅游。
	Wǒ yǐqián shàng bān de shíhou, cháng hé tóngshì qù lǚyóu.
张海	对了，你为什么不工作了？
	Duì le, nǐ wèishénme bù gōngzuò le?
英美	压力大，而且经常加班和出差。
	Yālì dà, érqiě jīngcháng jiā bān hé chūchāi.
张海	那么忙，没有自己的时间吧。
	Nàme máng, méiyǒu zìjǐ de shíjiān ba.
英美	对，我一直想学汉语呢。
	Duì, wǒ yìzhí xiǎng xué Hànyǔ ne.
张海	你真了不起！
	Nǐ zhēn liǎobuqǐ!

生词 새로운 단어 🎧26

谈	tán		말하다, 이야기하다
睡懒觉	shuì lǎnjiào		늦잠을 자다
以前	yǐqián		이전
时候	shíhou		때, 시각
压力	yālì		스트레스
经常	jīngcháng		늘, 항상
加班	jiā bān		초과 근무하다
那么	nàme		그렇게, 저렇게
时间	shíjiān		시간
吧	ba		추측 어기조사
了不起	liǎobuqǐ		뛰어나다, 대단하다

영미와 장하이는 카페에서 그들의 직업에 대해 이야기합니다.

영 미: 주말에 출근 안 하면, 주로 뭐해?

장하이: 인터넷 하거나, 늦잠 자거나, 술집에 가.

영 미: 난 예전에 일할 때 자주 동료들과 여행을 갔어.

장하이: 참, 넌 왜 일 안 한다고 했지?

영 미: 스트레스도 많고, 게다가 야근이랑 출장도 잦아서.

장하이: 그렇게 바빴으면, 혼자만의 시간도 없었겠다.

영 미: 응, 난 계속 중국어를 배우고 싶었는데 말이야.

장하이: 너 정말 대단하다!

我和张海在咖啡厅聊天儿。

我们谈到工作的事情。

张海在一家贸易公司工作。

公司提供宿舍和午餐，

也有休息室和健身房，

让员工喝茶、锻炼。

劳动节还给员工安排旅游呢。

我听了真羡慕他！

聊天儿	liáo tiānr	한담하다, 이야기하다
事情	shìqing	일
家	jiā	가게·기업 등을 세는 단위
贸易	màoyì	무역
提供	tígōng	제공하다
宿舍	sùshè	기숙사, 숙소
午餐	wǔcān	점심 식사
休息室	xiūxishì	휴게실
健身房	jiànshēnfáng	헬스 클럽
让	ràng	…하게 하다
员工	yuángōng	직원
锻炼	duànliàn	단련하다
劳动节	Láodòng Jié	노동절
安排	ānpái	안배하다, 마련하다
羡慕	xiànmù	부러워하다

영미의 일기

Wǒ hé Zhāng Hǎi zài kāfēitīng liáo tiānr.
Wǒmen tándào gōngzuò de shìqing.
Zhāng Hǎi zài yì jiā màoyì gōngsī gōngzuò.
Gōngsī tígōng sùshè hé wǔcān,
yě yǒu xiūxishì hé jiànshēnfáng,
ràng yuángōng hē chá、duànliàn.
Láodòng Jié hái gěi yuángōng ānpái lǚyóu ne.
Wǒ tīngle zhēn xiànmù tā!

1 ···的时候

'时候'는 '的'와 함께 동사나 명사, 술어(구) 뒤에 쓰여 '···할 때, ···일 때'의 다.

- 去的时候不下雨。 갈 때는 비가 내리지 않았습니다.
- 吃饭的时候不要玩儿手机。 밥 먹을 때는 휴대폰을 하지 마세요.

> 不要 búyào ···하지 마라

2 추측을 나타내는 어기조사 吧

'吧'는 문장 끝에 쓰여 추측의 어감을 나타내기도 한다. 추측을 나타내는 부사 '**大概**'와 종종 함께 쓰인다.

- 他大概忘了吧。 그는 아마 잊었을 거에요.
- 这个时间他不在家吧。 이 시간에 그는 집에 없을 거에요.

3 一直

1) '똑바로, 곧바로'의 뜻으로 '방향을 바꾸지 않고 쭉 따라서'의 의미를 나타낸다.

- 一直往前走。 곧장 앞으로 가세요.
- 一直走就能到首尔大学。 곧바로 가면 서울대학교에 도착할 수 있습니다.

2) '줄곧, 계속해서'의 뜻으로 일정한 시간·범위 내에서 동작이나 상황이 계속되는 것을 나타낸다.

- 我一直在这里工作。 저는 줄곧 여기서 근무했습니다.
- 昨天一直在图书馆学习了。 어제 내내 도서관에서 공부했습니다.

4 사역동사 让

'让 ràng'은 '…하도록 시키다, …하게 하다'의 뜻이며, 让 + 피동의 대상 + 동사 의 어순으로 동작의 대상을 끌어내어 피동의 의미를 나타낸다.

- 让我过去一下。저 좀 지나가게 해주세요.
- 爸爸不让我开空调。아버지는 제가 에어컨을 켜지 못하게 합니다.

본문내용과 일치하면 ○, 틀리면 ×에 표기하세요.

1. 周末张海喜欢上网。　　　　　　　　　　　（○　　×）

2. 英美在张海家聊天。　　　　　　　　　　　（○　　×）

3. 张海在一家电脑公司上班。　　　　　　　　（○　　×）

4. 张海的公司不提供宿舍。　　　　　　　　　（○　　×）

5. 张海很羡慕英美不上班。　　　　　　　　　（○　　×）

6. 英美说她不喜欢旅游。　　　　　　　　　　（○　　×）

7. 张海觉得自己很了不起。　　　　　　　　　（○　　×）

8. 英美以前的工作压力很大。　　　　　　　　（○　　×）

9. 张海的公司提供三顿饭。　　　　　　　　　（○　　×）

10. 公司春节给员工安排旅游。　　　　　　　　（○　　×）

回答问题　묻고 답하기

본문내용을 숙지하여 다음 질문에 답하세요.

1. 英美和张海在谈什么?

2. 张海周末喜欢做什么?

3. 英美以前的公司怎么样?

4. 员工在哪儿喝茶? 在哪儿锻炼?

5. 英美羡慕谁? 为什么?

6. 张海说英美了不起。为什么?

第一部分 대화를 듣고 질문에 알맞은 답을 고르세요. 

1. **A** 见朋友　　　**B** 在家睡觉　　　**C** 去百货商场

2. **A** 喝茶　　　**B** 锻炼　　　**C** 看球赛

3. **A** 很感兴趣　　　**B** 想换工作　　　**C** 没有压力

4. **A** 十三天　　　**B** 一个星期　　　**C** 三天左右

5. **A** 春节　　　**B** 劳动节　　　**C** 中秋节

第二部分 문장을 듣고 질문에 알맞은 답을 고르세요. 

1. **A** 去美国留学　　　**B** 英语说得好　　　**C** 有时间学英语

2. **A** 公园　　　**B** 学校　　　**C** 健身房

3. **A** 没有工作压力　　　**B** 做喜欢的工作　　　**C** 公司离家很近

4. **A** 出差　　　**B** 西单　　　**C** 酒吧

5. **A** 咖啡　　　**B** 午餐　　　**C** 茶和报纸

1 빈칸에 알맞은 단어를 [보기] 에서 고르세요.

> [보기]　　A 加班　　B 锻炼　　C 安排　　D 压力　　E 羡慕

① 今天工作太多，我们要＿＿＿＿＿＿。

② 真＿＿＿＿＿＿她那么瘦，吃什么都不胖。

③ 最近学习＿＿＿＿＿＿大，她每天睡得不好。

④ 星期天是爷爷的生日，妈妈已经都＿＿＿＿＿＿好了。

⑤ 她每天去健身房＿＿＿＿＿＿身体。

2 다음 문제와 연관된 문장을 [보기] 에서 고르세요.

> [보기]　　A 已经安排好了。
>
> 　　　　　B 他们都去哪儿了？
>
> 　　　　　C 我想和你谈个事情。
>
> 　　　　　D 中国劳动节休息三天。
>
> 　　　　　E 好的，这次我请你。
>
> 　　　　　F 三个员工和一个老板，一共四个人。

예 是好事情吗？　　　　　　　　　　　　　　　(C)

① 你们公司有多少人？　　　　　　　　　　　　(　　)

② 中午一起吃饭怎么样？　　　　　　　　　　　(　　)

③ 他们都在休息室里喝茶。　　　　　　　　　　(　　)

④ 明天下午开会，你安排安排吧。　　　　　　　(　　)

⑤ 真好！韩国劳动节只休息一天。　　　　　　　(　　)

去快餐店

Qù kuàicāndiàn

패스트푸드점 가기

英美和刘晶一起去麦当劳点快餐。
Yīngměi hé Liú Jīng yìqǐ qù Màidāngláo diǎn kuàicān.

英　美　真渴，我们喝点儿什么吧。
　　　　Zhēn kě, wǒmen hē diǎnr shénme ba.

刘　晶　去星巴克喝冰拿铁怎么样？
　　　　Qù Xīngbākè hē bīng nátiě zěnmeyàng?

英　美　我想喝芬达。
　　　　Wǒ xiǎng hē Fēndá.

刘　晶　那咱们去麦当劳吧。
　　　　Nà zánmen qù Màidāngláo ba.

英　美　两个薯条和两个中杯的芬达。
　　　　Liǎng ge shǔtiáo hé liǎng ge zhōng bēi de Fēndá.

服务员　请问，在这儿吃还是带走？
　　　　Qǐngwèn, zài zhèr chī háishi dàizǒu?

英　美　在这儿吃。可以续杯吗？
　　　　Zài zhèr chī. Kěyǐ xù bēi ma?

服务员　对不起，我们没有续杯服务。
　　　　Duìbuqǐ, wǒmen méiyǒu xù bēi fúwù.

60

麦当劳	Màidāngláo	맥도널드
快餐	kuàicān	패스트푸드
(口)渴	(kǒu) kě	목이 마르다
星巴克	Xīngbākè	스타벅스
拿铁	nátiě	라떼
芬达	Fēndá	환타
那(么)	nà(me)	그러면, 그렇다면
咱们	zánmen	우리
薯条	shǔtiáo	감자튀김, 프렌치프라이
中杯	zhōng bēi	(음료수의) 레귤러 사이즈
带走	dàizǒu	테이크 아웃하다
续杯	xù bēi	(음료를) 리필하다
服务	fúwù	서비스

영미와 리우징은 함께 맥도널드에 가서 패스트푸드를 주문합니다.

영　미: 정말 목마르네, 우리 뭐 좀 마시자.

리우징: 스타벅스 가서 아이스 라떼 마시는 게 어때?

영　미: 난 환타가 마시고 싶어.

리우징: 그럼 우리 맥도날드로 가자.

영　미: 프렌치프라이 두 개랑 환타 레귤러 두 잔이요.

점　원: 저기, 여기에서 드실 건가요 아니면 가지고 가실 건가요?

리우징: 여기서 먹을게요. 리필 가능한가요?

점　원: 죄송하지만, 저희는 리필을 해드리지 않고 있습니다.

天气越来越热了。

我和刘晶都觉得口渴。

她想喝冰咖啡，我想喝芬达。

最后，我们去了麦当劳。

冰凉的芬达真可口！

我还想喝，但不能续杯。

我们坐在空调旁边儿，

一边儿喝饮料一边儿学习汉语。

生词 새로운 단어 🎧34

越来越	yuèláiyuè	점점, 더욱더
最后	zuìhòu	최후, 결국
冰凉	bīngliáng	차디차다
可口	kěkǒu	입에 맞다, 맛있다
一边儿…一边儿…	yìbiānr… yìbiānr…	…하면서 …하다
饮料	yǐnliào	음료

Tiānqì yuèláiyuè rè le.
Wǒ hé Liú Jīng dōu juéde kǒu kě.
Tā xiǎng hē bīng kāfēi, wǒ xiǎng hē Fēndá.
Zuìhòu, wǒmen qùle Màidāngláo.
Bīngliáng de Fēndá zhēn kěkǒu!
Wǒ hái xiǎng hē, dàn bù néng xù bēi.
Wǒmen zuò zài kōngtiáo pángbiānr,
yìbiānr hē yǐnliào yìbiānr xuéxí Hànyǔ.

1 의문대명사 什么

'什么'는 평서문에 쓰여 '무엇, 아무 것'의 의미로 불확실한 어떤 것을 지칭할 수 있다.

- 我想出去买点儿什么。 저는 나가서 무엇을 좀 사고 싶습니다.
- 还没饱，再吃点儿什么吧。 아직 배가 부르지 않으면, 뭐라도 좀 더 먹어요.

再 zài 더

2 접속사 那(么)

'那(么)'는 '그러면, 그렇다면'이라는 뜻으로 결과나 판단의 문장을 이끌어내는 접속사로 쓰인다.

- 喜欢吗？那就去买吧。 좋아합니까? 그럼 사러 갑시다.
- 没有电话，那我们怎么联系？ 전화가 없으면, 우리는 어떻게 연락합니까?

3 还是와 或者

1) '还是'는 선택의문문에서 'A 还是 B'의 형태로 쓰여 'A입니까 아니면 B입니까?'의 의미를 나타낸다.

- 你坐火车去还是坐飞机去？ 당신은 기차 타고 갑니까 아니면 비행기 타고 갑니까?
- 你星期二来还是星期三来？ 당신은 화요일에 옵니까 아니면 수요일에 옵니까?

2) '或者'는 평서문에서 'A 或者 B'의 형태로 쓰여 'A 아니면 B이다, A 혹은 B이다'의 의미를 나타내며, 두 개의 선택 사항을 연결할 뿐이어서 의문문에는 사용되지 않는다.

- 今天或者明天回来吧。 오늘 아니면 내일 돌아올 것 같습니다.
- 坐地铁或者骑自行车去。 지하철 아니면 자전거 타고 갑니다.

4 越来越

1) '**越来越**'는 '더욱더, 갈수록'의 의미로, 형용사 앞에 쓰여 시간이 지남에 따라 그 정도가 더해짐을
   나타낸다.

- 东西越来越贵了。 물건이 점점 비싸집니다.
- 他的汉语越来越好了。 그의 중국어가 갈수록 좋아집니다.

2) '**越 A 越 B**'의 형식으로 쓰이면 'A할수록 B하다'의 의미로 어떤 조건(A)에 따라 어떤 정도(B)
   가 더욱 발전하는 것을 나타낸다.

- 汉语越学越有意思。 중국어는 배울수록 재미있습니다.
- 这件衣服越洗越小。 이 옷은 세탁할수록 줄어듭니다.

有意思 yǒu yìsi 재미있다

5 결과보어 在

전치사 '在'는 술어 뒤에 놓여 보어가 될 수 있으며, 이 때 '在'는 동작의 결과로서 한 사물이 어떤 장
소에 놓이게 된 것을 나타낸다.

- 名字要写在哪儿? 이름을 어디에 써야 합니까?
- 妈妈躺在床上休息。 어머니는 침대에 누워 쉽니다.

6 一边儿 A 一边儿 B

'…하면서 …하다'의 뜻으로 두 동작이 동시에 진행됨을 나타낸다.

- 我一边儿看书一边儿听音乐。 저는 책을 보면서 음악을 듣습니다.
- 她一边儿吃饭一边儿看电视。 그녀는 밥을 먹으면서 텔레비전을 봅니다.

본문내용과 일치하면 ○, 틀리면 ×에 표기하세요.

1. 今天天气很好很凉快。 （○　×）

2. 英美口渴，她想喝冰拿铁。 （○　×）

3. 她们买了薯条和饮料带走了。 （○　×）

4. 她们最后去了咖啡厅。 （○　×）

5. 麦当劳里没有空调很热。 （○　×）

6. 麦当劳的饮料可以续杯。 （○　×）

7. 她们点了大杯的芬达。 （○　×）

8. 她们两个人坐在电视机旁边儿。 （○　×）

9. 冰凉的芬达真可口。 （○　×）

10. 她们一边儿走一边儿喝饮料。 （○　×）

본문내용을 숙지하여 다음 질문에 답하세요.

1. 最近天气怎么样？

2. 她们口渴想喝什么？

3. 她们去了快餐店还是咖啡厅？

4. 她们在麦当劳点了什么？

5. 麦当劳的饮料可不可以续杯？

6. 她们一边儿喝一边儿干什么？

听力 듣기훈련

第一部分 대화를 듣고 질문에 알맞은 답을 고르세요. 

1. A 渴了　　　　　B 饿了　　　　　C 累了

2. A 做菜吃　　　　B 买饭吃　　　　C 不想做菜

3. A 菜单不好　　　B 味道不好　　　C 服务不好

4. A 听歌儿　　　　B 吃汉堡　　　　C 玩儿手机

5. A 买汉堡　　　　B 点薯条　　　　C 续杯饮料

第二部分 문장을 듣고 질문에 알맞은 답을 고르세요. 

1. A 餐厅　　　　　B 网吧　　　　　C 咖啡店

2. A 服务好　　　　B 可以带走　　　C 可以续杯

3. A 爸爸不做饭　　B 妈妈不在家　　C 我爱吃快餐

4. A 热红茶　　　　B 冰牛奶　　　　C 冰果汁儿

5. A 出去旅游　　　B 在家睡觉　　　C 好好休息

1 빈칸에 알맞은 단어를 보기 에서 고르세요.

> 보기　　A 续杯　　B 服务　　C 饮料　　D 口渴　　E 带走

① 听说运动后喝＿＿＿＿＿对身体不好。

② 她很＿＿＿＿＿，一进来就喝了两杯水。

③ 因为这儿的＿＿＿＿＿好，所以我们常来。

④ 她不喜欢在这里吃，喜欢＿＿＿＿＿。

⑤ 我每次都在那里见朋友，因为那里的饮料可以＿＿＿＿＿。

2 다음 문제와 연관된 문장을 보기 에서 고르세요.

> 보기　　A 为什么要换冰箱?
>
> 　　　　B 现在越来越漂亮了。
>
> 　　　　C 大学附近的咖啡厅最多。
>
> 　　　　D 你常带儿子去麦当劳吗?
>
> 　　　　E 没去，时间太晚都回家了。
>
> 　　　　F 你说得对，饿了什么都好吃。

예 她以前很胖。　　　　　　　　　　　　（　B　）

① 一个星期去一次。　　　　　　　　　　（　　　）

② 饿的时候吃什么都可口。　　　　　　　（　　　）

③ 你们最后去唱歌儿了吗?　　　　　　　（　　　）

④ 因为冰箱里的饮料一点儿都不冰凉。　　（　　　）

⑤ 因为大学生喜欢一边儿学习一边儿喝咖啡。（　　　）

07

看病

Kàn bìng

진찰 받기

英美身体不舒服，去医院看病。
Yīngměi shēntǐ bù shūfu, qù yīyuàn kàn bìng.

医生　　你哪儿不舒服？
　　　　Nǐ nǎr bù shūfu?

英美　　我头疼，嗓子也不舒服。
　　　　Wǒ tóuténg, sǎngzi yě bù shūfu.

医生　　先量量体温吧。三十八度。
　　　　Xiān liángliang tǐwēn ba. Sānshíbā dù.

英美　　我怎么了？
　　　　Wǒ zěnme le?

医生　　你发烧呢，感冒了。
　　　　Nǐ fā shāo ne, gǎnmào le.

英美　　严重吗？
　　　　Yánzhòng ma?

医生　　不严重，你得吃药打针。回去多休息，别开空调。
　　　　Bù yánzhòng, nǐ děi chī yào dǎ zhēn. Huíqu duō xiūxi, bié kāi kōngtiáo.

英美　　我会注意的。
　　　　Wǒ huì zhùyì de.

□ 身体	shēntǐ	신체, 건강
□ 舒服	shūfu	(몸, 마음이) 편안하다
□ 看病	kàn bìng	진찰하다, 진찰받다
□ 头疼	tóuténg	두통
□ 嗓子	sǎngzi	목구멍
□ 先	xiān	먼저, 우선
□ 量	liáng	재다
□ 体温	tǐwēn	체온
□ 度	dù	온도 등을 세는 단위
□ 发烧	fā shāo	열이 나다
□ 感冒	gǎnmào	감기, 감기에 걸리다
□ 严重	yánzhòng	심각하다
□ 得	děi	…해야 한다
□ 打针	dǎ zhēn	주사를 맞다
□ 会	huì	…할 것이다
□ 注意	zhùyì	주의하다

영미가 몸이 안좋아서 진찰 받으러 병원에 갔습니다.

의 사: 어디가 불편하세요?

영 미: 두통에, 목도 불편해요.

의 사: 먼저 체온 좀 재봅시다. 38도군요.

영 미: 저 어떻게 된 거죠?

의 사: 열이 나네요, 감기입니다.

영 미: 심각한가요?

의 사: 심각하지는 않지만, 약 먹고 주사 맞으셔야 해요. 돌아가서 푹 쉬시고, 에어컨은 켜지 마세요.

영 미: 주의하도록 하겠습니다.

我身体不舒服，

头疼、咳嗽、嗓子也疼。

刘晶看我的脸色不太好，

就带我去了医院。

医生说我感冒了，需要打针吃药。

我现在觉得健康最重要。

刘晶像姐姐一样关心我。

我突然很想爸爸妈妈了。

生词 새로운 단어 🎧40

☐ 咳嗽	késou	기침하다
☐ 疼	téng	아프다
☐ 脸色	liǎnsè	안색
☐ 带	dài	이끌다, 인도하다
☐ 健康	jiànkāng	건강, 건강하다
☐ 重要	zhòngyào	중요하다
☐ 像	xiàng	마치 …와(과) 같다
☐ 一样	yíyàng	같다, 동일하다
☐ 关心	guānxīn	관심을 갖다
☐ 突然	tūrán	갑자기

Wǒ shēntǐ bù shūfu,
tóuténg、késou、sǎngzi yě téng.
Liú Jīng kàn wǒ de liǎnsè bú tài hǎo,
jiù dài wǒ qùle yīyuàn.
Yīshēng shuō wǒ gǎnmào le, xūyào dǎ zhēn chī yào.
Wǒ xiànzài juéde jiànkāng zuì zhòngyào.
Liú Jīng xiàng jiějie yíyàng guānxīn wǒ.
Wǒ tūrán hěn xiǎng bàba māma le.

1 先

1) '先 xiān'은 '먼저, 우선'이라는 뜻으로 부사어로 쓰여 어떤 동작이나 사건이 먼저 일어남을 나타낸다.

- 你先做。 당신이 먼저 해요.
- 先告诉我吧。 먼저 나에게 알려줘요.

2) '先'은 '再'와 함께 쓰여 '우선 …한 다음에 …하다'라는 의미로 동작의 순서를 표현할 수 있다.

- 先安排再说吧。 먼저 처리한 후에 다시 이야기합시다.
- 先洗手再吃饭吧。 먼저 손 씻고 식사하세요.

> 再 zài …하고 나서, …한 뒤에

2 조동사 得

1) '得 děi'는 조동사로 쓰여 '마땅히 …해야 한다'는 강한 의무의 어감을 나타낸다.

- 你得注意身体。 당신은 마땅히 몸 조심해야 합니다.
- 你去留学就得努力学习。 당신은 유학 가면 열심히 공부해야만 합니다.

2) 비슷한 어감으로 '应该 yīnggāi'나 '该 gāi'가 쓰이기도 하지만, '得'보다 의무의 어감이 약하다.

- 你应该注意身体。 당신은 건강에 주의해야 합니다.
- 你去留学就该努力学习。 당신은 유학 가면 열심히 공부해야 합니다.

3) '得'의 부정형식은 '不得'가 아니라 '不用'이다.

- 不用这么客气。 이렇게까지 예의 차릴 필요 없습니다.
- 不用做菜，咱们出去吃吧。 요리하지 말고, 우리 나가서 먹어요.

> 留学 liú xué 유학하다   (应)该 (yīng)gāi …해야 한다

③ 추측을 나타내는 조동사 숲

'숲'는 '…할 것이다'의 의미로 결과를 추측하여 실현 가능성을 나타낼 때 쓰인다. 어기조사 '的'와 주로 호응하나 구어체에서는 '的'를 생략하기도 한다.

- 他会知道(的)。 그는 알 것입니다.
- 他不会不知道(的)。 그가 모를 리 없습니다.

④ A 像 B 一样

'A가 마치 B와 같다'는 의미로 뒷부분에 동사나 형용사를 연결하여 그 정도를 보충 설명할 수 있다.

- 红得像苹果一样。 마치 사과처럼 빨갛습니다.
- 她说汉语说得像中国人一样好。 그녀는 중국어를 마치 중국인처럼 잘 합니다.

동사 '病'은 '병이 나다, (병을) 앓다'의 뜻으로 쓰이지만, 명사 '病'은 다른 동사들과 함께 쓰여 여러 가지 의미를 나타낼 수 있습니다.

生病 shēng bìng 병이 나다		看病 kàn bìng 진료하다	
得病 dé bìng 병에 걸리다		装病 zhuāng bìng 꾀병을 부리다	
探病 tàn bìng 병문안하다		有病 yǒu bìng 병이 있다, 결함이 있다	

他病得很严重。 그는 병이 위중합니다.

得了大病要住院。 큰 병에 걸리면 입원해야 합니다.

病房里都是病人。 병실 안에는 모두 환자입니다.

我是有病还是 "有病"？ 제가 아픈 겁니까 아니면 "정신이 이상한" 겁니까?

住院 zhù yuàn 입원하다　病房 bìngfáng 병실, 병동　病人 bìngrén 병자, 환자

본문내용과 일치하면 ○, 틀리면 ×에 표기하세요.

1. 英美今天身体不太好。　　　　　　　　　（○　×）

2. 英美去药店买药吃了。　　　　　　　　　（○　×）

3. 英美一个人去医院看病。　　　　　　　　（○　×）

4. 英美今天的脸色很不错。　　　　　　　　（○　×）

5. 英美感冒了，但不发烧。　　　　　　　　（○　×）

6. 英美病得很严重。　　　　　　　　　　　（○　×）

7. 英美要打针吃药。　　　　　　　　　　　（○　×）

8. 英美需要好好儿休息。　　　　　　　　　（○　×）

9. 英美觉得朋友最重要。　　　　　　　　　（○　×）

10. 英美觉得刘晶像家人一样。　　　　　　　（○　×）

回 答 问 题　묻고 답하기

본문내용을 숙지하여 다음 질문에 답하세요.

1. 英美为什么去看病?

2. 英美哪儿不舒服? 体温多少度?

3. 谁带英美去医院了? 为什么?

4. 英美的病严重吗?

5. 医生说要注意什么?

6. 英美为什么突然想爸妈了?

听力 듣기훈련

第一部分 대화를 듣고 질문에 알맞은 답을 고르세요. 

1. A 多喝水　　　B 多吃饭　　　C 多休息

2. A 头疼　　　B 脸色很好　　　C 舒服多了

3. A 发高烧　　　B 不严重　　　C 头疼咳嗽

4. A 自己很健康　　　B 爸妈身体好　　　C 妈妈不舒服

5. A 健康重要　　　B 金钱重要　　　C 学习重要

第二部分 문장을 듣고 질문에 알맞은 답을 고르세요. 

1. A 没吃好　　　B 没睡好　　　C 没休息好

2. A 很便宜　　　B 很好吃　　　C 很不健康

3. A 感冒的时候　　　B 打针的时候　　　C 发烧的时候

4. A 像快餐一样　　　B 像妈妈做的一样　　　C 像中国人做的一样

5. A 起床晚了　　　B 奶奶病了　　　C 身体不好

1 빈칸에 알맞은 단어를 보기 에서 고르세요.

> 보기   A 舒服   B 健康   C 关心   D 脸色   E 严重

① 妈妈最________家人的健康。

② 坐沙发比坐椅子________多了。

③ 医生说她感冒不________，休息休息就好了。

④ 她今天________很好，她说她昨天睡得很好。

⑤ 爷爷每天做运动身体很________。

2 다음 문제와 연관된 문장을 보기 에서 고르세요.

> 보기   A 我最近常头疼。
>
>   B 听和说一样重要。
>
>   C 好的，我会注意的。
>
>   D 我觉得工作很重要。
>
>   E 他嗓子好，唱得好听。
>
>   F 不用打针，吃几天药就行了。

예 他以前学过唱歌儿。   (E)

① 医生，我要不要打针?   ( )

② 为什么不去医院看看?   ( )

③ 开慢点儿，注意红绿灯。   ( )

④ 工作也重要，但没有健康重要。   ( )

⑤ 你觉得学外语，听和说哪个更重要?   ( )

08

逛街

Guàng jiē

쇼핑

百货商场在打折，英美买了一条牛仔裤。
Bǎihuò shāngchǎng zài dǎ zhé, Yīngměi mǎile yì tiáo niúzǎikù.

服务员 欢迎光临。
Huānyíng guānglín.

英 美 这条牛仔裤多少钱？
Zhè tiáo niúzǎikù duōshao qián?

服务员 打七折一百八十元，这款式卖得好。
Dǎ qī zhé yìbǎi bāshí yuán, zhè kuǎnshì mài de hǎo.

英 美 可以试穿吗？
Kěyǐ shì chuān ma?

服务员 可以。里边儿请。
Kěyǐ. Lǐbianr qǐng.

英 美 长短正好，就是有点儿大。
Chángduǎn zhèng hǎo, jiù shì yǒudiǎnr dà.

服务员 您稍等，我给您拿小一号的。
Nín shāo děng, wǒ gěi nín ná xiǎo yí hào de.

英 美 这大小合适，我要这条。
Zhè dàxiǎo héshì, wǒ yào zhè tiáo.

□ 打折	dǎ zhé	할인하다
□ 条	tiáo	가늘고 긴 것을 세는 단위
□ 牛仔裤	niúzǎikù	청바지
□ 光临	guānglín	왕림하다
□ 款式	kuǎnshì	스타일
□ 卖	mài	팔다, 판매하다
□ 试	shì	시험삼아 해보다
□ 长短	chángduǎn	길이
□ 正好	zhènghǎo	꼭 알맞다, 딱 좋다
□ 就	jiù	단지, 다만
□ 稍	shāo	잠시, 잠깐
□ 拿	ná	(손에) 가지다, 들다
□ 大小	dàxiǎo	크기
□ 合适	héshì	적당하다, 알맞다

백화점이 할인 중이라, 영미는 청바지 한 벌을 샀습니다.

점 원: 어서 오세요.

영 미: 이 청바지 얼마예요?

점 원: 30% 할인해서 180위안입니다. 이 디자인이 잘 팔려요.

영 미: 입어봐도 되나요?

점 원: 그럼요. 안쪽에서 입어보세요.

영 미: 길이는 딱 좋은데, 다만 좀 크네요.

점 원: 잠시만요, 한 사이즈 작은 것으로 가져다 드릴게요.

영 미: 이게 사이즈가 맞네요, 이것으로 주세요.

早上我把房间打扫干净了以后，

决定去王府井逛逛街。

我逛了书店、超市、鞋店，

还吃了羊肉串儿。

百货商场正在打折，

这里卖的牛仔裤，

质量、款式都不错，价格也便宜。

我试穿后买了一条。

生词 새로운 단어 🎧 46

□	把	bǎ	…을(를)
□	房间	fángjiān	방
□	打扫	dǎ sǎo	청소하다
□	干净	gānjìng	깨끗하다
□	以后	yǐhòu	이후
□	决定	juédìng	결정하다
□	王府井	Wángfǔjǐng	(地) 왕푸징
□	逛街	guàng jiē	거닐다, 구경하다
□	羊肉	yángròu	양고기
□	串儿	chuànr	꼬치
□	正在	zhèngzài	마침 …하고 있는 중이다
□	这里	zhèlǐ	이곳, 여기
□	质量	zhìliàng	품질
□	价格	jiàgé	가격

Zǎoshang wǒ bǎ fángjiān dǎ sǎo gānjìng le yǐhòu,
juédìng qù Wángfǔjǐng guàngguang jiē.
Wǒ guàngle shūdiàn、chāoshì、xiédiàn,
hái chīle yángròu chuànr.
Bǎihuò shāngchǎng zhèngzài dǎ zhé,
zhèlǐ mài de niúzǎikù,
zhìliàng、kuǎnshì dōu búcuò, jiàgé yě piányi.
Wǒ shì chuān hòu mǎile yì tiáo.

1 把字句

1) '把 bǎ'는 동사 뒤에 놓이는 목적어를 동사 앞으로 끌어내어 목적어를 어떻게 처치하였는지, 그 처리 결과를 강조할 때 사용한다. 따라서 '把' 구문의 목적어는 확실하고 명확한 것이어야 한다.

- 请把一杯水拿来。 （×）
  请把那杯水拿来。 （○）　저 물 좀 가져다 주세요.
- 我把三斤苹果卖了。 （×）
  我把那三斤苹果卖了。 （○）　제가 그 사과 세 근을 팔았습니다.

2) '把' 구문의 동사는 단독으로 쓰일 수 없고 반드시 처리 결과를 설명해주는 기타 성분이 있어야 한다. 기타 성분으로는 '了'나 '着', 결과보어, 방향보어, 정도보어, 수량보어 등이 있다.

- 我把这本书看完了。저는 이 책을 다 보았습니다.
- 她把衣服洗得很干净。그녀는 옷을 깨끗이 빨았습니다.

3) '把' 구문에서 부정 부사 '没'는 '把' 앞에 위치한다.

- 我把这本书没看完。 （×）
  我没把这本书看完。 （○）　저는 이 책을 다 보지 못했습니다.
- 我把衣服没洗干净。 （×）
  我没把衣服洗干净。 （○）　그녀는 옷을 깨끗이 빨지 못했습니다.

> 完 wán 완결되다, 끝나다

2 长短과 大小

'长短 chángduǎn'이나 '大小 dàxiǎo'같이 형용사의 반의어를 서로 연결하면 명사적 용법으로 사용할 수 있다.

- 这两个大小不一样。이 두 개는 사이즈가 다릅니다.
- 这桌子的长短怎么样? 이 탁자 길이가 어떻습니까?

3 수량보어

형용사 뒤에 수량보어가 오면 '…만큼 …하다'라는 표현이 된다.

- 比去年高了十公分。 작년보다 10센티 컸습니다.
- 老板，便宜五十块钱吧。 사장님, 50위안 깎아 주세요.

公分 gōngfēn 센티미터, cm

4 正在

'正在 zhèngzài'는 '마침 …하고 있는 중이다'의 의미로 동작이 진행되는 상황의 지속을 나타내며, 과거 시점에서의 지속 상황을 표현하고자 할 때에도 사용이 가능하다.

- 弟弟正在吃饭呢。 남동생은 마침 밥을 먹고 있는 중입니다.
- 昨天我去的时候，他正在学习。 어제 제가 갔을 때, 그는 공부 중이었습니다.

중국의 상점들은 할인할 때 '打折 dǎ zhé'라는 표현을 씁니다. 할인율을 나타낼 때도 우리 말과는 달리 중국에서는 '7折'나 '8折'와 같이 표현하는데요. '打7折'는 어느 정도의 할인율을 나타내는 것일까요? 중국에 처음 갔거나 중국에서 머문 시간이 얼마 되지 않은 분들은 대부분 70% 세일로 착각하곤 합니다만, '7折'는 70%가 아닌 30% 세일을 의미합니다. 중국에서 이렇게 표현되는 이유는 할인되는 금액보다 할인 이후의 가격에 초점이 맞춰져 있기 때문입니다.

打9折 dǎ jiǔ zhé　　10% 할인
特价6折 tèjià liù zhé　　40% 특가 세일
全场7折起 quánchǎng qī zhé qǐ　　전 매장 30% 이상 세일

 ○× 문제

본문내용과 일치하면 ○, 틀리면 ×에 표기하세요.

1. 英美早上打扫房间了。　　　　　　　　　　(○ 　×)

2. 英美打算今天去买衣服。　　　　　　　　　(○ 　×)

3. 英美决定去王府井逛街。　　　　　　　　　(○ 　×)

4. 英美在王府井吃了汉堡和薯条。　　　　　　(○ 　×)

5. 牛仔裤的质量很好，但款式很老。　　　　　(○ 　×)

6. 这里的牛仔裤不能试穿。　　　　　　　　　(○ 　×)

7. 英美没买牛仔裤，因为不便宜。　　　　　　(○ 　×)

8. 第一条试穿的牛仔裤有点儿大。　　　　　　(○ 　×)

9. 王府井附近没有超市。　　　　　　　　　　(○ 　×)

10. 英美买的牛仔裤打八折。　　　　　　　　　(○ 　×)

 묻고 답하기

본문내용을 숙지하여 다음 질문에 답하세요.

1. 早上英美做了什么?

2. 英美去王府井逛了哪儿?

3. 英美为什么去百货商场?

4. 英美试穿了运动鞋吗?

5. 第几次试穿的牛仔裤合适?

6. 这条牛仔裤怎么样?

第一部分 대화를 듣고 질문에 알맞은 답을 고르세요. 

1. **A** 打折　　　　**B** 质量差　　　　**C** 款式不多

2. **A** 可以试穿　　**B** 不能试穿　　**C** 不知道

3. **A** 质量差　　　**B** 款式新　　　**C** 颜色好

4. **A** 质量好　　　**B** 款式新　　　**C** 价格便宜

5. **A** 去逛街　　　**B** 不想逛街　　**C** 没时间逛街

第二部分 문장을 듣고 질문에 알맞은 답을 고르세요. 

1. **A** 去跑步　　　**B** 做早饭　　　**C** 打扫房间

2. **A** 价格贵　　　**B** 去年的款式　　**C** 大小不合适

3. **A** 出来运动　　**B** 都在打折　　**C** 外边儿凉快

4. **A** 合适　　　　**B** 舒服　　　　**C** 漂亮

5. **A** 做菜　　　　**B** 看电视　　　**C** 玩儿电脑

1 빈칸에 알맞은 단어를 보기 에서 고르세요.

> 보기　　　A 打折　　B 逛街　　C 合适　　D 价格　　E 试穿

① _______和走路一样，也是运动。`

② 这件颜色不错，我想_______一下。

③ 姐姐的衣服小了，我穿正_______。

④ 百货商场在_______，我们也去看看吧。

⑤ 这条牛仔裤不错，就是_______有点儿贵。

2 다음 문제와 연관된 문장을 보기 에서 고르세요.

> 보기　　A 你以后想做什么?
>
> 　　　　B 这双有没有38号的。
>
> 　　　　C 请问，王府井怎么走?
>
> 　　　　D 已经打折的，不能再便宜了。
>
> 　　　　E 这家的羊肉串儿真好吃！
>
> 　　　　F 没关系，不合适可以来换。

예　这家味道不错，很有名。　　　　　　(E)

① 我想做个老板。　　　　　　　　　　(　)

② 老板，便宜点儿吧。　　　　　　　　(　)

③ 欢迎光临，要买双鞋吗?　　　　　　(　)

④ 我正好去那儿，一起走吧。　　　　　(　)

⑤ 我爸爸穿这双，不知道合不合适。　　(　)

09

干杯
Gān bēi

건배

时间过得真快，英美要回国了。
Shíjiān guò de zhēn kuài, Yīngměi yào huí guó le.

张海　你能喝白酒吗？
Nǐ néng hē báijiǔ ma?

英美　能喝一点儿，但我喜欢喝扎啤。
Néng hē yìdiǎnr, dàn wǒ xǐhuan hē zhāpí.

张海　那我们喝扎啤吧，你能喝多少？
Nà wǒmen hē zhāpí ba, nǐ néng hē duōshao?

英美　一扎就够了。
Yì zhā jiù gòu le.

张海　后天回国，行李都准备好了吧。
Hòutiān huí guó, xíngli dōu zhǔnbèi hǎo le ba.

英美　差不多了。张海，谢谢你对我的照顾。
Chàbuduō le. Zhāng Hǎi, xièxie nǐ duì wǒ de zhàogù.

张海　应该的。到了韩国别忘了给我发邮件。
Yīnggāi de. Dàole Hánguó bié wàngle gěi wǒ fā yóujiàn.

英美　一定。来，为友谊干杯！
Yídìng. Lái, wèi yǒuyì gān bēi!

☐	过	*guò*	지나다, 경과하다
☐	(就)要…了	*(jiù)yào…le*	곧 …할 것이다
☐	回国	*huí guó*	귀국하다
☐	白酒	*báijiǔ*	소주, 바이지우
☐	扎啤	*zhāpí*	생맥주
☐	扎	*zhā*	(생맥주용) 잔
☐	够	*gòu*	충분하다
☐	行李	*xíngli*	짐
☐	差不多	*chàbuduō*	거의 비슷하다, 대충 되다
☐	照顾	*zhàogù*	보살피다
☐	应该	*yīnggāi*	마땅하다, 당연하다
☐	发	*fā*	보내다, 발송하다
☐	邮件	*yóujiàn*	우편물, 메일
☐	一定	*yídìng*	꼭, 반드시
☐	来	*lái*	다른 사람을 부르거나 재촉함
☐	为	*wèi*	…을(를) 위하여
☐	友谊	*yǒuyì*	우정
☐	干杯	*gān bēi*	건배하다

시간이 정말 빨리 흘러서, 영미는 귀국하게 되었습니다.

장하이: 너 바이지우 마실 수 있어?

영　미: 조금은 마실 수 있지만, 난 생맥주 마시는 게 좋아.

장하이: 그럼 우리 생맥주 마시자, 너 얼마나 마실 수 있어?

영　미: 한 잔이면 충분해.

장하이: 모레가 귀국이니까, 짐은 다 잘 챙겼겠네.

영　미: 거의 다 했어. 장하이, 챙겨줘서 고마워.

장하이: 당연한 일인 걸. 한국 도착해서 나한테 메일 보내는 거 잊지마.

영　미: 꼭 할게. 자, 우정을 위하여 건배!

一年过得真快，

后天我就要回国了。

张海给我发了短信，

因为后天他上班不能送我，

所以一会儿要来见我。

我们在酒吧喝着扎啤聊天儿。

我感谢他对我的照顾。

他祝我一路平安。

□ 短信	duǎnxìn	문자 메시지
□ 送	sòng	배웅하다, 바래다 주다
□ 一会儿	yíhuìr	곧, 잠깐 사이에
□ 感谢	gǎnxiè	고맙다
□ 祝	zhù	기원하다
□ 一路平安	yílù píng'ān	무사히 가십시오

Yì nián guò de zhēn kuài,
hòutiān wǒ jiùyào huí guó le.
Zhāng Hǎi gěi wǒ fā le duǎnxìn,
yīnwèi hòutiān tā shàng bān bù néng sòng wǒ,
suǒyǐ yíhuìr yào lái jiàn wǒ.
Wǒmen zài jiǔbā hēzhe zhāpí liáo tiānr.
Wǒ gǎnxiè tā duì wǒ de zhàogù.
Tā zhù wǒ yílù píng'ān.

1 差不多

'差不多'는 '거의 다 되다, 대충 되다'의 의미로 '정도·시간·거리 상에 큰 차이가 없다'는 표현이다.

- 晚饭都差不多了。 저녁 식사가 거의 다 되었습니다.
- 时间差不多了，快进去吧。 시간이 다 되어 가니, 어서 들어가세요.

2 为…干杯

건배할 때 주로 쓰이는 표현으로 '…을(를) 위하여 건배합시다'의 의미가 된다.

- 为我们的健康干杯！ 우리의 건강을 위하여 건배!
- 为欢迎金先生干杯！ 김 선생을 환영하는 의미로 건배!

3 因为 A 所以 B

'因为 A 所以 B'는 'A 때문에 B 하다'의 의미로 원인(A)에 따른 결과(B)를 나타내는 문형이다.

- 他因为感冒了，所以不能去。 그는 감기에 걸렸기 때문에 갈 수 없습니다.
- 因为东西好，所以很多人去买。 물건이 좋기 때문에 많은 사람들이 사러 갑니다.

중국 사람들은 다양한 인사말을 사용하여 상대방에게 예를 표합니다. 중국에서 자주 접할 수 있는 격식 있는 인사말들을 잘 알아두면 중요한 자리에서 예를 표하거나 상호간의 관계를 원활하게 하는데 도움이 될 것입니다.

新年快乐。 Xīnnián kuàilè.　새해 복 많이 받으세요.

恭喜发财。 Gōngxǐ fā cái.　돈 많이 버세요, 부자 되세요.

请多保重。 Qǐng duō bǎozhòng.　건강에 유의하세요.

旅途愉快。 Lǚtú yúkuài.　즐거운 여행이 되길 바랍니다.

新婚愉快。 Xīnhūn yúkuài.　결혼 축하 드립니다.

合家欢乐。 Héjiā huānlè.　집안에 행복이 가득하길 바랍니다.

万事如意。 Wànshì rú yì.　모든 일이 뜻대로 되길 바랍니다.

事业成功。 Shìyè chénggōng.　사업 성공을 기원합니다.

判断对错　○× 문제

본문내용과 일치하면 ○, 틀리면 ×에 표기하세요.

1. 英美来中国已经一年了。　　　　　　　　　　(○　×)

2. 英美明天要回韩国。　　　　　　　　　　　　(○　×)

3. 英美还没准备行李。　　　　　　　　　　　　(○　×)

4. 张海要去机场送英美。　　　　　　　　　　　(○　×)

5. 英美喝了一瓶白酒。　　　　　　　　　　　　(○　×)

6. 英美谢谢张海的照顾。　　　　　　　　　　　(○　×)

7. 英美喜欢喝米酒。　　　　　　　　　　　　　(○　×)

8. 英美到了韩国要给张海打电话。　　　　　　　(○　×)

9. 英美祝张海一路平安。　　　　　　　　　　　(○　×)

10. 他们在酒吧喝着洋酒干杯。　　　　　　　　(○　×)

回答问题　묻고 답하기

본문내용을 숙지하여 다음 질문에 답하세요.

1. 张海给英美打电话了吗?

2. 英美哪天要回韩国?

3. 张海为什么来见英美?

4. 英美喝白酒了吗?

5. 英美要给谁发邮件?

6. 干杯的时候，英美说了什么?

第一部分 대화를 듣고 질문에 알맞은 답을 고르세요. 

1. A 看朋友　　　B 送朋友　　　C 见朋友

2. A 扎啤　　　　B 羊肉串儿　　C 扎啤和羊肉串儿

3. A 发邮件　　　B 发短信　　　C 上网聊天儿

4. A 发邮件　　　B 发短信　　　C 上网聊天儿

5. A 人民币够了　B 人民币不够　C 人民币太多

第二部分 문장을 듣고 질문에 알맞은 답을 고르세요. 

1. A 高中生　　　B 大学生　　　C 公司职员

2. A 吃药　　　　B 喝冰的　　　C 喝白酒

3. A 还没发出去　B 已经发出去了　C 不能发邮件了

4. A 照顾妈妈　　B 帮妈妈做饭　　C 给妈妈买药

5. A 出差的时候　B 工作的时候　　C 上大学的时候

1 빈칸에 알맞은 단어를 보기 에서 고르세요

> 보기　　A 扎啤　　B 邮件　　C 感谢　　D 照顾　　E 一路平安

① 他要回国了，我们祝他________。

② 老板说明天出差，有事发________吧。

③ 爸妈不在家，你要好好儿________弟弟。

④ 她帮了我们很多忙，我们都非常________她。

⑤ 白酒很苦，________不苦，米酒有点儿酸还有点儿甜。

2 다음 문제와 연관된 문장을 보기 에서 고르세요.

> 보기　　A 干杯！
>
> B 好啊，喝了再点。
>
> C 不用谢，应该的。
>
> D 发了，你没看到吗？
>
> E 明天我去机场送你。
>
> F 行李都准备好了吗？

예 为友谊干杯！　　　　　　　　　　　　　　(A)

① 准备得差不多了。　　　　　　　　　　　　(　　)

② 你给我发短信了吗？　　　　　　　　　　　(　　)

③ 谢谢你这一年的照顾。　　　　　　　　　　(　　)

④ 每人先来一杯扎啤，怎么样？　　　　　　　(　　)

⑤ 不用了，你那么忙，别送了。　　　　　　　(　　)

附录 부록

英美的 日记 영미의 일기

第一课 介绍 소개

나는 칭화 대학 중국어반에서 공부하는데, 내 회화 실력이 별로라는 생각이 든다. 친구가 내게 과외 선생님 한 분을 소개해주었다. 그녀는 이름이 리우징이고, 스물 세 살이며, 뚱뚱하지도 마르지도 않았다. 리우징은 한국에 가본 적이 없다. 하지만, 그녀는 많은 한국의 스타들을 알고 있고, 또 한국의 화장품에도 관심이 많다. 나는 과외 선생님이 생겨서 기쁘다.

第二课 问路 길 묻기

시단은 유명한 장소라서, 나 혼자서 가 볼 생각이다. 베이징의 길을 몰라서, 걸어가다 길을 잃어버렸다. 나는 지나가던 사람에게 어떻게 가는지 물었고, 그는 자세히 나에게 알려주었다. 시단은 정말 번화하여서, 먹을거리 뿐 아니라 명품샵도 많이 있다.

第三课 打电话 전화 걸기

나는 요즘 공부하느라 바빠서, 친구와 연락하는 일이 드물다. 오늘은 수업이 끝나자 마자 장하이의 전화를 받았는데, 그는 내게 새로운 전화번호로 바꾸었다고 알려주었다. 장하이는 농구 시합 입장권이 세 장 있어서, 나하고 리우징과 함께 보러 가기로 약속했다. 이번 구기 시합은 베이징팀대 상하이팀의 경기이다. 장하이는 베이징 사람이라, 베이징팀을 응원하려 한다.

第四课 做客 방문

오늘 나는 리우징의 집에 방문하러 갔다. 그녀는 나를 초대해서 중국식 가정 요리를 대접하려 했다. 나는 빈손으로 갈 수 없어서, 마트에서 과일을 조금 샀다. 리우징은 정통 중국 요리를 준비했다. 마포떠우푸, 위샹러우쓰 외에 꽁바오지딩도 있었다. 그녀의 솜씨가 좋아서, 나는 배부르게 먹었다. 중국 요리는 다소 느끼하지만 맛은 정말 좋다.

第五课 谈工作 직업 이야기

나와 장하이는 카페에서 이야기를 나누었다. 우리들은 업무에 대한 일도 이야기 하였다. 장하이는 무역 회사에서 일을 한다. 그 회사는 숙소와 점심 식사를 제공하고, 또 휴게실과 헬스장도 있어서, 직원들이 차도 마시고 운동도 할 수 있게 하였다. 노동절에는 또 직원들에게 여행도 마련해준다. 나는 듣고나서 정말 그가 부러웠다!

第六课 去快餐店 패스트푸드점 가기

날씨가 갈수록 더워진다. 나와 리우징은 모두 목이 말랐다. 그녀는 아이스 커피를 마시고 싶고, 나는 환타가 마시고 싶었다. 결국, 우리는 맥도널드로 갔다. 차디찬 환타는 정말 맛있다! 나는 더 마시고 싶었지만, 음료 리필을 할 수 없었다. 우리는 에어컨 옆에 앉아서, 음료를 마시면서 중국어를 공부했다.

第七课 看病 진찰 받기

나는 몸이 좋지 않아서, 두통, 기침에 목까지 아프다. 리우징은 내 안색이 별로인 것을 보고, 바로 나를 병원에 데려 갔다. 의사는 내가 감기에 걸려서 주사 맞고 약 먹는 게 필요하다고 했다. 나는 지금 건강이 가장 중요하다고 느낀다. 리우징은 언니처럼 내게 신경 써준다. 나는 갑자기 아버지와 어머니가 너무 그리워졌다.

第八课 逛街 쇼핑

아침에 나는 방을 깨끗이 청소한 후에, 왕푸징을 좀 둘러보러 가기로 결정했다. 나는 서점, 마트, 신발 가게를 둘러보았고, 양꼬치도 먹었다. 백화점이 세일 중이었다. 이곳에서 파는 청바지는, 품질과 스타일이 모두 괜찮고 가격도 싸다. 나는 입어본 후 한 벌 샀다.

第九课 干杯 건배

일 년은 정말 빠르게 흘러서, 모레 나는 귀국할 것이다. 장하이가 내게 문자 메시지를 보냈는데, 모레는 그가 출근해서 나를 배웅할 수 없기 때문에 곧 나를 보러 오려 한다는 것이다. 우리는 술집에서 생맥주를 마시며 이야기를 나누었다. 나는 그가 나를 보살펴 준 것에 대해 감사했다. 그는 내가 무사히 가기를 빌어주었다.

第一课 介绍 소개

判断对错 ox 문제

1. ✕   2. ✕   3. ✕   4. ○   5. ✕
6. ✕   7. ✕   8. ✕   9. ✕   10. ○

回答问题 묻고 답하기

1. 刘晶是谁？她多大？
   刘晶是英美的汉语辅导老师。她二十三岁。
2. 谁给英美介绍了刘晶？
   朋友给英美介绍了刘晶。
3. 刘晶觉得英美的汉语怎么样？
   刘晶觉得英美的汉语说得真好。
4. 英美觉得自己的汉语怎么样？
   英美觉得自己的汉语还差得远。
5. 刘晶对什么感兴趣？
   刘晶对韩国的化妆品感兴趣。
6. 英美现在上班还是学习？
   英美现在学习汉语。

听力 듣기훈련

第一部分

1. 男：上午十点开会了，你没去吗？
   女：我去了，迟到了十五分钟。
   问：十点开会，女的几点到的？
   B. 十点一刻
2. 男：你瘦了，是不是工作太累了？
   女：每天工作十二个小时呢，有点儿累。
   问：女的为什么瘦了？
   B. 工作很累
3. 女：这附近有没有书店？
   男：我给你介绍一个，里面还有咖啡厅呢。
   问：男的给女的介绍什么？
   A. 书店
4. 女：我喜欢学汉语。不过，我说得不好。
   男：我给你介绍我们的辅导老师，他教得很好。
   问：男的给女的介绍谁？
   A. 他的老师
5. 男：我看，你对韩国的化妆品很感兴趣。
   女：是的，我每次去韩国出差都买些回来。
   问：女的对什么感兴趣？
   C. 韩国化妆品

第二部分

1. 她认识很多留学生，因为她是教汉语的辅导老师。
   问：她做什么？
   C. 老师
2. 姐姐现在每天跑步，因为她胖了衣服都不能穿了。
   问：姐姐为什么每天跑步？
   A. 没衣服穿不得
3. 妹妹常看韩国电影，也常听韩国歌儿。她知道很多韩国明星。
   问：妹妹知道什么？
   B. 韩国明星
4. 她刚来中国的时候，汉语一点儿也不会。可是现在她能看中国电影了。
   问：她刚来中国的时候怎么样？
   A. 不会说汉语
5. 朋友给他介绍了工作，听说那公司的老板是美国人，汉语说得很好。
   问：朋友给他介绍了什么？
   C. 工作

练习 연습문제

1. ① 她给我 A. 介绍 了工作。
   ② 你 D. 知道 王老师家在哪儿吗？
   ③ 工作也好学习也好，我们都要 B. 努力 。
   ④ 我 E. 迟到 了十分钟，老师说没关系。
   ⑤ 我儿子学习不好，朋友给我介绍了一位 C. 辅导 老师。
2. ① 你高兴什么？
      F. 朋友都说我瘦了，真高兴！
   ② 会，他开车开得很好。
      A. 他会开车吗？
   ③ 你知道很多明星吗？
      C. 我对明星不感兴趣。
   ④ 我和她是在美国认识的。
      D. 听说你妻子是美国人。
   ⑤ 你觉得这音乐怎么样？
      B. 我觉得很好听。

第二课 问路 길 묻기

判断对错 ox 문제

1. ✕   2. ✕   3. ✕   4. ✕   5. ○
6. ○   7. ✕   8. ✕   9. ○   10. ✕

回答问题 묻고 답하기

1. 英美和谁一起去西单了？
   英美自己去了西单。
2. 从这儿到西单怎么走？多长时间？
   一直往前走，到十字路口往右拐。走十分钟

左右。

3. 英美要坐车去还是走路去？
   英美要走路去。
4. 英美为什么迷路了？
   因为英美不太了解北京的路。
5. 西单是什么地方？
   西单是一个有名的地方。
6. 英美是怎么到西单的？
   英美是向行人打听到西单的。

听力 듣기훈련
第一部分
1. 男：咦？东东还没来吗？
   女：他是不是迷路了？我给他打个电话。
   问：女的打电话给谁？
   B. 东东
2. 男：这附近有没有网吧？
   女：你看到对面的银行吗？银行后边儿就有
      一个。
   问：网吧在哪儿？
   C. 银行后边儿
3. 女：你了解北京的路吗？
   男：不了解。我是上星期来北京的。
   问：男的为什么不了解北京的路？
   B. 刚来北京
4. 男：请问，电影院在哪儿？
   女：离这儿有点儿远，走路大概要三十分钟。
   问：从这儿到电影院走路要多长时间？
   A. 半个小时
5. 男：大家都爱穿名牌儿。你也是吗？
   女：谁不喜欢名牌儿？
   问：女的说什么？
   B. 喜欢名牌儿

第二部分
1. 老师详细地给我们介绍了北京最热闹的几个
   地方。
   问：老师介绍了什么？
   C. 热闹地方
2. 她了解台湾的夏天常下雨，所以每次去台湾
   出差都带雨伞。
   问：她了解什么？
   B. 台湾的天气
3. 他不但汉语说得好，而且汉字写得也好，因
   为他在中国住了十年。
   问：为什么他的汉语说得好？

A. 在中国住过
4. 西西在首尔工作两年了。她对韩国小吃很感
   兴趣，不但爱吃而且会做。
   问：西西会做什么？
   C. 韩国小吃
5. 他开车去颐和园，开着开着迷路了。他打电
   话问朋友，朋友详细地告诉了他。
   问：谁告诉了他去颐和园的路？
   C. 朋友

练习 연습문제
1. ① 她在首尔住了十年，很 E. 了解 首尔。
   ② 我们都不知道。请你 A. 详细 地告诉我们。
   ③ 她工作好，人也漂亮，在我们公司很 B.
      有名 。
   ④ 公园里一天都很 D. 热闹 ，人们都出来做
      运动。
   ⑤ 她走着走着 C. 迷路 了，就打电话向朋友
      打听。
2. ① 我打算去学习滑雪。
      C. 今年冬天你有什么打算？
   ② 明天我带你去，你等我吧。
      A. 谢谢，我等你。
   ③ 我打电话问朋友了。
      D. 你说迷路了，怎么来的？
   ④ 你喜欢什么名牌儿包？
      F. 我对名牌儿不感兴趣。
   ⑤ 今天的鸡蛋比昨天贵了。
      B. 是啊，一斤要五块钱呢。

第三课 打电话 전화 걸기

判断对错 OX 문제
1. ✕   2. ✕   3. ✕   4. ✕   5. ✕
6. ✕   7. ✕   8. ✕   9. ✕   10. ✕

回答问题 묻고 답하기
1. 英美最近常和朋友联系吗？
   她最近学习很忙，不常和朋友联系。
2. 张海的新手机号儿是多少？
   张海的新手机号儿是13728681111。
3. 英美什么时候接到了张海的电话？
   今天一下课就接到了张海的电话。
4. 张海和英美约好一起去看电影吗？
   不，张海和英美约好一起去看球赛。
5. 他们约好什么时候在哪儿见？
   他们约好星期六上午十点半在学校门口见。

6. '不见不散'是要见还是不要见？
   '不见不散'是一定要见面。

听力 듣기훈련
第一部分
1. 男：别忘了明天下午在电影院门口见。
   女：好的，不见不散。
   问：男的和女的在哪儿见？
   C. 电影院
2. 男：好久没联系了，你最近很忙，是不是？
   女：最近常出差，有点儿忙。
   问：女的最近怎么样？
   A. 工作忙
3. 男：喂，西西，我是东东，明天一起去游泳吧？
   女：我明天要给学生辅导，后天去吧。
   问：西西明天去干什么？
   C. 辅导
4. 女：告诉我你家的电话号码吧。
   男：我们家没有电话，我们都有自己的手机。
   问：男的说什么？
   B. 他家没有电话
5. 男：我有篮球比赛的门票，你一张，我一
       张，一起去吧？
   女：哇！是中国队对日本队的，一定去！
   问：男的有几张门票？
   B. 两张

第二部分
1. 东东最喜欢看篮球比赛，一到周末就去看。
   问：东东什么时候去看球赛？
   A. 周末就看
2. 妈妈早上出去，到现在都没有联系。手机也
   不接。
   问：妈妈怎么了？
   B. 没有联系
3. 我的好朋友去中国学汉语了，她学习很忙，
   不过我们常联系。
   问： 朋友最近怎么样？
   B. 学习很忙
4. 今天是妈妈的生日，别忘了下班早点儿回
   来，一起吃饭。
   问：为什么今天要早点儿回家？
   C. 今天妈妈生日
5. 虽然爸爸的手机号码很好记，但是因为我们
   不常给他打电话，忘了他的手机号儿。
   问：为什么忘了爸爸的手机号码？

A. 不常打

练习 연습문제
1. ① 好久不见， D. 最近 忙吗？
   ② 我们迟到了，没有买到 C. 门票 。
   ③ 今天的 E. 比赛 是北京队对上海队。
   ④ 请告诉我你的手机号，我给你 B. 联系 。
   ⑤ 她在公司忙了一天，一回家 A. 就 睡了。
2. ① 下午五点下课。
      E. 你今天几点下课，我去见你。
   ② 我好久没见到英美了。
      D. 她去了中国，下周回来。
   ③ 明天上午九点新华书店门口见。
      A. 好的，不见不散。
   ④ 明天不行，我和同事约好了。
      F. 我有两张电影票，明天一起去看吧。
   ⑤ 请转告王老板，我们今天三点到。
      C. 好的，我一定告诉他。

第四课 做客 방문

判断对错 ox 문제
| 1. × | 2. × | 3. O | 4. × | 5. × |
| 6. × | 7. × | 8. × | 9. × | 10. O |

回答问题 묻고 답하기
1. 英美今天去哪儿干什么？
   英美今天去刘晶家做客。
2. 今天谁请谁吃饭？
   今天刘晶请英美吃饭。
3. 英美空手去刘晶家了吗？
   不，英美买了一些水果去刘晶家。
4. 除了麻婆豆腐以外，还有什么菜？
   还有鱼香肉丝和宫保鸡丁。
5. 刘晶做菜的手艺怎么样？
   刘晶做菜的手艺不错。
6. 英美觉得中国菜怎么样？
   英美觉得中国菜虽然有点儿油腻，但味道好
   极了。

听力 듣기훈련
第一部分
1. 男：需要我帮忙吗？
   女：家里没有鸡蛋了，你帮我买两斤回来好吗？
   问：女的需要什么？
   A. 鸡蛋
2. 女：欢迎欢迎，快请进。这是什么？

男：第一次来你家怎么能空手来呢。
问：男的说什么？
C. 不能空手来

3. 女：我今天做了你最爱吃的麻婆豆腐。
   男：妈，那是爸爸爱吃的。我爱吃的是宫保
   鸡丁。
   问：爸爸爱吃什么菜？
   B. 麻婆豆腐

4. 男：请问，你这儿有地道的家常菜吗？
   女：有。我们这儿的鱼香肉丝和宫保鸡丁很
   有名。
   问：男的想吃什么？
   A. 家常菜

5. 男：去中国人家里做客，除了水果以外，还
   能带什么？
   女：酒和茶都不错。
   问：他们在说什么？
   B. 做客礼物

第二部分
1. 中国菜虽然很油腻，但味道不错，她吃得很饱。
   问：她觉得中国菜怎么样？
   C. 味道好

2. 哥哥虽然工作忙没有时间，但每天晚上学习
   英语。
   问：哥哥除了工作，每天还做什么？
   C. 学习

3. 她做菜的手艺很好，昨天做的上海菜，味道
   很地道。
   问：她做的上海菜怎么样？
   A. 很地道

4. 这件衣服好看极了，她很想买。但是现在没
   有钱，不能买。
   问：她为什么没买衣服？
   A. 没有钱

5. 妈妈在厨房里准备很多家常菜，因为晚上爸
   爸请朋友在家吃饭。
   问：妈妈在干什么？
   B. 准备菜

练习 연습문제
1. ① 这餐厅虽然不大，但 C. 生意 非常好。
   ② 他的汉语说得很 D. 地道，像中国人一样好。
   ③ 妈妈去买菜，忘了带钱，所以 A. 空手 回
   来了。
   ④ 今天我们一起去老板家 E. 做客，大家都

吃得很饱。
   ⑤ 女儿下星期要上学了，妈妈给她 B. 准备
   了书包和笔。

2. ① 她虽然不是中国人，
   C. 但汉语说得很好。
   ② 听说她会做很多家常菜。
   E. 她不但会做菜，而且做得也好吃。
   ③ 是的，请你帮我准备两杯咖啡。
   B. 需要我帮忙吗？
   ④ 你的雨伞真漂亮，在哪儿买的？
   D. 不是买的，是朋友给我的。
   ⑤ 这麻婆豆腐是我做的，味道怎么样？
   F. 你的手艺真不错，可以做餐厅老板了。

第五课 谈工作 직업 이야기

判断对错 OX 문제
1. O 2. × 3. × 4. × 5. ×
6. × 7. × 8. O 9. × 10. ×

回答问题 묻고 답하기
1. 英美和张海在谈什么？
   英美和张海在谈工作的事情。
2. 张海周末喜欢做什么？
   张海周末喜欢上网、睡懒觉、去酒吧。
3. 英美以前的公司怎么样？
   工作压力大，经常加班和出差，没有自己的
   时间。
4. 员工在哪儿喝茶？在哪儿锻炼？
   公司员工在休息室喝茶，在健身房锻炼。
5. 英美羡慕谁？为什么？
   英美羡慕张海。因为张海的公司提供宿舍和
   午餐，也有休息室和健身房，劳动节还给员
   工安排旅游。
6. 张海说英美了不起。为什么？
   因为英美现在不要工作了，只想努力学习汉语。

听力 듣기훈련
第一部分
1. 男：周末不上班你都做什么？
   女：和朋友吃饭、看电影。
   问：周末女的做什么？
   A. 见朋友
2. 女：好久没运动了，明天一起去健身房吧？
   男：好，明天早上我等你。
   问：他们约好明天干什么？
   B. 锻炼

3. 男：你为什么想换工作？
   女：这里工作压力大，而且常加班，没有自
   己的时间。
   问：女的对现在的工作觉得怎么样？
   B. 想换工作
4. 男：下星期是劳动节，你们公司休息几天？
   女：大概三天吧。
   问：劳动节女的休息几天？
   C. 三天左右
5. 女：劳动节你有什么安排？
   男：我要和妻子去韩国旅游，因为公司提供
   了两张飞机票。
   问：男的安排什么时候去旅游？
   B. 劳动节

第二部分
1. 他们都羡慕我英语说得像美国人一样好。
   问：他们羡慕我什么？
   B. 英语说得好
2. 以前很多人都去公园锻炼，现在很多人都去
   健身房锻炼。
   问：以前很多人都在哪儿锻炼？
   A. 公园
3. 虽然工作压力大，但他很高兴，因为这是他
   喜欢做的工作。
   问：他为什么很高兴？
   B. 做喜欢的工作
4. 他们一下班就去了酒吧。除了喝酒以外，他
   们还谈公司里的事情。
   问：他们一下班就去哪儿了？
   C. 酒吧
5. 今天公司提供了好吃的午餐，因为我们开会
   开了三个小时，大家都饿了。
   问：中午公司提供了什么？
   B. 午餐

练习 연습문제
1. ① 今天工作太多，我们要 A. 加班 。
   ② 真 E. 羡慕 她那么瘦，吃什么都不胖。
   ③ 最近学习 D. 压力 大，她每天睡得不好。
   ④ 星期天是爷爷的生日，妈妈已经都 C. 安
   排 好了。
   ⑤ 她每天去健身房 B. 锻炼 身体。
2. ① 你们公司有多少人？
   F. 三个员工和一个老板，一共四个人。
   ② 中午一起吃饭怎么样？

E. 好的，这次我请你。
③ 他们都在休息室里喝茶。
   B. 他们都去哪儿了？
④ 明天下午开会，你安排安排吧。
   A. 已经安排好了。
⑤ 真好！韩国劳动节只休息一天。
   D. 中国劳动节休息三天。

判断对错 ox 문제

1. ×	2. ×	3. ×	4. ×	5. ×
6. ×	7. ×	8. ×	9. O	10. ×

回答问题 묻고 답하기
1. 最近天气怎么样？
   最近天气越来越热了。
2. 她们口渴想喝什么？
   英美想喝芬达，刘晶想喝冰咖啡。
3. 她们去了快餐店还是咖啡厅？
   她们去了快餐店。
4. 她们在麦当劳点了什么？
   她们在麦当劳点了两个薯条和两个中杯的芬达。
5. 麦当劳的饮料可不可以续杯？
   麦当劳没有续杯服务。
6. 她们一边儿喝一边儿干什么？
   她们一边儿喝饮料一边儿学习汉语。

听力 듣기훈련
第一部分
1. 男：一起去星巴克喝杯咖啡吧？
   女：好，我饿了，还想吃个蛋糕。
   问：女的现在怎么样？
   B. 饿了
2. 男：我们今天出去吃快餐吧。
   女：不用了，在家自己做的更好吃。
   问：女的说什么？
   A. 做菜吃
3. 女：这家餐厅的服务越来越差，不想来了。
   男：我也这么想。
   问：他们觉得这家餐厅怎么样？
   C. 服务不好
4. 女：你一边儿走一边儿玩儿手机，这很不好。
   男：你呢？一边儿走一边儿吃汉堡，好看
   吗？
   问：男的一边儿走一边儿干什么？
   C. 玩儿手机

5. 女：请问，您要点什么？
　　男：听说你们这儿的汉堡很好吃，请给我两
　　　　个，我要带走。
　　问：男的在干什么？
　　A．买汉堡

第二部分
1. 夏天热，大家都口渴，这时候咖啡厅的生意
　　最好。
　　问：天气热，哪儿的生意好？
　　C．咖啡店
2. 大家都去那儿喝饮料，因为那儿的饮料不
　　贵，而且可以续杯。
　　问：为什么大家都去那儿买饮料？
　　C．可以续杯
3. 妈妈明天出差一个星期。因为她不在家，我
　　和爸爸都要出去买饭吃。
　　问：我和爸爸为什么要买饭吃？
　　B．妈妈不在家
4. 天气热，口渴了。弟弟喝冰果汁儿，妹妹喝
　　冰牛奶，爸爸喝热红茶。
　　问：爸爸口渴了喝什么？
　　A．热红茶
5. 劳动节爸爸妈妈想出去旅游，我想在家睡
　　觉。最后我和爸爸妈妈一起去了。
　　问：劳动节我干什么了？
　　A．出去旅游

练习 연습문제
1. ① 听说运动后喝 C. 饮料 对身体不好。
　　② 她很 D. 口渴 ，一进来就喝了两杯水。
　　③ 因为这儿的 B. 服务 好，所以我们常来。
　　④ 她不喜欢在这里吃，喜欢 E. 带走。
　　⑤ 我每次都在那里见朋友，因为那里的饮
　　　　料可以 A. 续杯 。
2. ① 一个星期去一次。
　　　　D. 你常带儿子去麦当劳吗？
　　② 饿的时候吃什么都可口。
　　　　F. 你说得对，饿了什么都好吃。
　　③ 你们最后去唱歌儿了吗？
　　　　E. 没去，时间太晚都回家了。
　　④ 因为冰箱里的饮料一点儿都不冰凉。
　　　　A. 为什么要换冰箱？
　　⑤ 因为大学生喜欢一边儿学习一边儿喝咖啡。
　　　　C. 大学附近的咖啡厅最多。

第七课 看病 진찰 받기

判断对错 OX 문제
1. O　　2. ×　　3. ×　　4. ×　　5. ×
6. ×　　7. O　　8. O　　9. ×　　10. O

回答问题 묻고 답하기
1. 英美为什么去看病？
　　因为英美身体不舒服。
2. 英美哪儿不舒服？体温多少度？
　　英美头疼、咳嗽、嗓子也疼。她体温三十八度。
3. 谁带英美去医院了？为什么？
　　刘晶带英美去医院了。因为刘晶看英美脸色
　　不太好。
4. 英美的病严重吗？
　　英美的病不太严重。
5. 医生说要注意什么？
　　医生说回去多休息，别开空调。
6. 英美为什么突然想爸妈了？
　　因为刘晶像姐姐一样关心她。

听力 듣기훈련
第一部分
1. 男：医生，我需要打针吗？
　　女：不用打针，但要注意好好儿休息。
　　问：医生说什么？
　　C．多休息
2. 男：你脸色不好，哪儿不舒服吗？
　　女：头疼，我想去买点儿药。
　　问：女的怎么了？
　　A．头疼
3. 女：医生，我发烧吗？
　　男：没有烧。吃点儿药，好好儿休息，别太累。
　　问：女的怎么样？
　　B．不严重
4. 女：你爸妈身体都好吗？
　　男：很好。他们每天做运动，都很健康。
　　问：男的说什么？
　　B．爸妈身体好
5. 女：你觉得健康和钱，哪个重要？
　　男：健康重要。没有健康，有钱也不会高兴的。
　　问：男的觉得什么重要？
　　A．健康重要

第二部分
1. 她今天身体不好，因为最近每天加班，没能
　　好好儿休息。

问：她为什么身体不好？
C. 没休息好

2. 以前大家觉得快餐很好吃，现在大家都觉得
快餐不健康。
问：现在大家觉得快餐怎么样？
C. 很不健康

3. 西西感冒了也不吃药。她说多喝水多休息，
不吃药也会好的。
问：西西什么时候不吃药？
A. 感冒的时候

4. 我喜欢吃这家的菜，因为这家菜的味道，像
我妈妈做的一样好吃。
问：这家菜的味道怎么样？
B. 像妈妈做的一样

5. 她今天上课迟到了一个小时，因为奶奶突然
不舒服，她带奶奶去医院看病了。
问：她今天为什么迟到了？
B. 奶奶病了

练习 연습문제

1. ① 妈妈最 C. 关心 家人的健康。
② 坐沙发比坐椅子 A. 舒服 多了。
③ 医生说她感冒不 E.严重 ，休息休息就好了。
④ 她今天 D.脸色 很好，她说她昨天睡得很好。
⑤ 爷爷每天做运动身体很 B. 健康 。
2. ① 医生，我要不要打针？
F. 不用打针，吃几天药就行了。
② 为什么不去医院看看？
A. 我最近常头疼。
③ 开慢点儿，注意红绿灯。
C. 好的，我会注意的。
④ 工作也重要，但没有健康重要。
D. 我觉得工作很重要。
⑤ 你觉得学外语，听和说哪个更重要？
B. 听和说一样重要。

第八课 逛街 쇼핑

判断对错 OX 문제

1. O　　2. ✕　　3. O　　4. ✕　　5. ✕
6. ✕　　7. ✕　　8. O　　9. ✕　　10. ✕

回答问题 묻고 답하기

1. 早上英美做了什么？
早上英美把房间打扫干净了。
2. 英美去王府井逛了哪儿？
英美逛了书店、超市、鞋店和百货商场。

3. 英美为什么去百货商场？
百货商场正在打折。
4. 英美试穿了运动鞋吗？
英美试穿了牛仔裤。
5. 第几次试穿的牛仔裤合适？
第二次试穿的牛仔裤大小合适。
6. 这条牛仔裤怎么样？
质量、款式都不错，价格也便宜。

听力 듣기훈련

第一部分

1. 男：这条牛仔裤多少钱？
女：打七折二百六，现在买很便宜。
问：牛仔裤为什么便宜？
A. 打折
2. 女：这款式的皮鞋有37号的吗？
男：有，给您拿一双试试。
问：这里可以试穿吗？
A. 可以试穿
3. 男：这件衣服质量很好，是在韩国买的吗？
女：对，这是韩国今年最新的款式。
问：这件衣服怎么样？
B. 款式新
4. 男：这一件合适。
女：先生，您穿这件正好，今天买可以打折。
问：女的说什么？
C. 价格便宜
5. 女：好久没逛街了，明天一起去王府井走走吧。
男：好，我正好想买一条牛仔裤。
问：男的是什么意思？
A. 去逛街

第二部分

1. 周末我早点儿起床，把房间打扫干净了。
问：周末早上我干什么了？
C. 打扫房间
2. 姐姐昨天买的衣服价格不贵，不过，是去年
的款式。
问：姐姐昨天买的衣服怎么样？
B. 去年的款式
3. 超市最近都在打折，买东西的人越来越多了。
问：为什么去超市买东西的人多？
B. 都在打折
4. 这双鞋虽然是以前的款式，但妈妈说她穿着
很舒服。
问：妈妈觉得这双鞋怎么样？

B. 舒服

5. 下午五点。爸爸正在看电视，弟弟正在玩儿电脑，妈妈正在准备晚饭呢。
   问：弟弟在干什么？
   C. 玩儿电脑

练习 연습문제

1. ① B. 逛街 和走路一样，也是运动。
   ② 这件颜色不错，我想 E. 试穿 一下。
   ③ 姐姐的衣服小了，我穿正 C. 合适 。
   ④ 百货商场在 A. 打折 ，我们也去看看吧。
   ⑤ 这条牛仔裤不错，就是 D. 价格 有点儿贵。
2. ① 我想做个老板。
      A. 你以后想做什么？
   ② 老板，便宜点儿吧。
      D. 已经打折的，不能再便宜了。
   ③ 欢迎光临，要买双鞋吗？
      B. 这双有没有38号的。
   ④ 我正好去那儿，一起走吧。
      C. 请问，王府井怎么走？
   ⑤ 我爸爸穿这双，不知道合不合适。
      F. 没关系，不合适可以来换。

第九课 干杯 건배

判断对错 ox 문제

1. O	2. ×	3. ×	4. ×	5. ×
6. O	7. ×	8. ×	9. ×	10. ×

回答问题 묻고 답하기

1. 张海给英美打电话了吗？
   他给英美发短信了。
2. 英美哪天要回韩国？
   英美后天要回韩国。
3. 张海为什么来见英美？
   因为张海后天上班不能送英美，所以来见英美。
4. 英美喝白酒了吗？
   英美没喝白酒，喝扎啤了。
5. 英美要给谁发邮件？
   英美要给张海发邮件。
6. 干杯的时候，英美说了什么？
   英美说：为友谊干杯!

听力 듣기훈련

第一部分

1. 男：谢谢你的照顾，我们常联系吧。

女：常联系，祝你一路平安。
问：女的在干什么？
B. 送朋友

2. 男：扎啤点一扎够吧？
   女：一扎就够了。再点个羊肉串儿吧。
   问：他们点了什么？
   C. 扎啤和羊肉串儿

3. 男：你在哪儿？到了给我发短信。
   女：知道了，我一会儿就到。
   问：他们怎么联系？
   B. 发短信

4. 女：我不知道怎么发邮件。儿子，你过来教教我吧。
   男：好，我一会儿过去。
   问：女的要干什么？
   A. 发邮件

5. 女：明天你去中国出差，人民币够不够？不够我去银行换。
   男：别换了，我看差不多了。
   问：男的说什么？
   A. 人民币够了

第二部分

1. 时间过得真快，明年我儿子就要上大学了。
   问：儿子现在做什么？
   A. 高中生

2. 冰凉的啤酒很可口，但爸爸不能喝冰的，因为他现在吃药。
   问：爸爸现在不能做什么？
   B. 喝冰的

3. 他要给家人发邮件，还没发就接到爸爸的电话。
   问：他把邮件发出去了吗？
   A. 还没发出去

4. 妈妈头疼不舒服，我在旁边儿好好儿照顾她是应该的，因为我是她女儿。
   问：什么是应该的？
   A. 照顾妈妈

5. 他们从大学到现在一直是好朋友，两个人的友谊有十年了。
   问：他们是什么时候认识的？
   C. 上大学的时候

练习 연습문제

1. ① 他要回国了，我们祝他 E. 一路平安 。
   ② 老板说明天出差，有事发 B. 邮件 吧。
   ③ 爸妈不在家，你要好好儿 D. 照顾 弟弟。

④ 她帮了我们很多忙，我们都非常 C.感谢 她。

⑤ 白酒很苦， A.扎啤 不苦，米酒有点儿酸
还有点儿甜。

2. ① 准备得差不多了。
F. 行李都准备好了吗？

② 你给我发短信了吗？
D. 发了，你没看到吗？

③ 谢谢你这一年的照顾。
C. 不用谢，应该的。

④ 每人先来一杯扎啤，怎么样？
B. 好啊，喝了再点。

⑤ 不用了，你那么忙，别送了。
E. 明天我去机场送你。

A

安排	ānpái	안배하다, 마련하다	5과

B

吧	ba	추측 어기조사	5과
把	bǎ	…을(를)	8과
白酒	báijiǔ	소주, 바이지우	9과
班	bān	반	1과
帮忙	bāng máng	일을 돕다	4과
饱	bǎo	배부르다	4과
比赛	bǐsài	경기	3과
别	bié	…하지 마라	3과
别人	biérén	다른 사람	2과
冰凉	bīngliáng	차디차다	6과
病房	bìngfáng	병동, 병실	7과
病人	bìngrén	병자, 환자	7과
不错	búcuò	괜찮다, 잘하다	4과
不但	búdàn	…할 뿐만 아니라	2과
不过	búguò	그러나	1과
不见不散	bújiàn búsàn	만날 때까지 기다리다	3과
不要	búyào	…하지 마라	5과
不用	búyòng	…할 필요가 없다	4과

C

差不多	chàbuduō	거의 비슷하다, 대충 되다	9과
长短	chángduǎn	길이	8과
迟到	chídào	지각하다	1과
除了	chúle	…을(를) 제외하고	4과
串儿	chuànr	꼬치	8과
聪明	cōngming	영리하다	2과

D

打	dǎ	(운동을) 하다	4과

打扫	dǎsǎo	청소하다	8과
打算	dǎsuan	…할 작정이다, …할 계획이다	2과
打听	dǎting	물어보다, 알아보다	2과
打折	dǎ zhé	할인하다	8과
打针	dǎ zhēn	주사를 맞다	7과
大概	dàgài	대충, 아마도	2과
大小	dàxiǎo	크기	8과
带	dài	이끌다, 인도하다	7과
带走	dàizǒu	테이크 아웃하다	6과
但(是)	dàn(shì)	하지만	4과
到	dào	도착하다, 도착하다	2과
地	de	부사격 구조조사	2과
得病	dé bìng	병에 걸리다	7과
得	děi	…해야 한다	7과
地道	dìdao	진짜의, 본고장의	4과
地方	dìfang	곳, 장소	2과
第一	dìyī	맨 처음, 첫 번째	4과
度	dù	온도 등을 세는 단위	7과
短信	duǎnxìn	문자 메시지	9과
锻炼	duànliàn	단련하다	5과
对	duì	맞다, 옳다	1과
对	duì	…에 대해서	1과
对	duì	상대하다, 대응하다	3과
队	duì	팀, 무리	3과
顿	dùn	식사 등의 횟수를 세는 단위	4과

E

而且	érqiě	게다가	2과

F

发	fā	보내다, 발송하다	9과
发烧	fā shāo	열이 나다	7과
房间	fángjiān	방	4, 8과

芬达	Fēndá	환타	6과
服务	fúwù	서비스	6과
辅导	fǔdǎo	(학습을) 도우며 지도하다	1과

G

(应)该	(yīng)gāi	…해야 한다	7과
干杯	gān bēi	건배하다	9과
干净	gānjìng	깨끗하다	4, 8과
感冒	gǎnmào	감기, 감기에 걸리다	7과
感谢	gǎnxiè	고맙다	9과
感兴趣	gǎn xìngqù	관심이 있다, 흥미가 있다	1과
刚	gāng	방금, 막	1과
高兴	gāoxìng	기쁘다, 즐겁다	1과
告诉	gàosu	알리다, …에게 말하다	2과
给	gěi	…에게	1과
宫保鸡丁	gōng bǎo jī dīng	(菜) 꿍바오지딩	4과
公分	gōngfēn	센티미터, cm	8과
恭喜发财	gōngxǐ fā cái	돈 많이 버세요, 부자되세요	9과
够	gòu	충분하다	9과
拐	guǎi	방향을 바꾸다, 꺾다	2과
关心	guān xīn	관심을 갖다	7과
光临	guānglín	왕림하다	8과
逛街	guàng jiē	거닐다, 거리 구경을 하다	8과
过	guò	지나다, 경과하다	9과
过奖	guòjiǎng	과찬입니다	1과

H

还	hái	또, 더	4과
好记	hǎojì	기억하기 쉽다	3과
好久	hǎojiǔ	오랫동안	3과
好久不见	hǎojiǔ bújiàn	오래간만이다	3과
好找	hǎozhǎo	찾기 쉽다	3과

号(儿)	hào(r)	번호, 사이즈	3과
号码	hàomǎ	번호	3과
合家欢乐	héjiā huānlè	집안에 행복이 가득하길 빕니다	9과
合适	héshì	적당하다, 알맞다	8과
红绿灯	hónglǜdēng	신호등	2과
欢迎	huānyíng	환영하다	4과
换	huàn	바꾸다	3과
回国	huí guó	귀국하다	9과
会	huì	…할 것이다	7과

J

极了	jí le	아주, 몹시	4과
家	jiā	가게, 기업 등을 세는 단위	5과
加班	jiā bān	초과 근무하다	5과
加油	jiā yóu	격려하다, 응원하다	3과
家常菜	jiāchángcài	가정 요리	4과
价格	jiàgé	가격	2, 8과
健康	jiànkāng	건강, 건강하다	7과
健身房	jiànshēnfáng	헬스 클럽	5과
教室	jiàoshì	교실	2과
接	jiē	(전화를) 받다	3과
介绍	jièshào	소개하다	1과
进	jìn	(밖에서 안으로) 들다	4과
经常	jīngcháng	늘, 항상	5과
就	jiù	바로, 꼭	1과
就	jiù	단지, 다만	8과
觉得	juéde	…(이)라고 느끼다, …(이)라고 여기다	1과
决定	juédìng	결정하다	8과

K

看病	kàn bìng	진찰하다, 진찰받다	7과
可口	kěkǒu	입에 맞다, 맛있다	6과

(口)渴	(kǒu) kě	목이 마르다	6과
咳嗽	késou	기침하다	7과
可以	kěyǐ	…할 수 있다, …해도 좋다	4과
客气	kèqi	사양하다	3과
客气	kèqì	정중하다	4과
空手	kōngshǒu	맨손, 빈손	4과
口语	kǒuyǔ	회화, 구어	1과
哭	kū	울다	2과
快餐	kuàicān	패스트푸드	6과
款式	kuǎnshì	스타일	8과

L

来	lái	다른 사람을 부르거나 재촉함	9과
篮球	lánqiú	농구	3과
劳动节	Láodòng Jié	노동절	5과
联系	liánxì	연락하다	3과
脸色	liǎnsè	안색	7과
量	liáng	재다	7과
聊天儿	liáo tiānr	한담하다, 이야기하다	5과
了不起	liǎobuqǐ	뛰어나다, 대단하다	5과
了解	liǎojiě	(자세히) 알다, 이해하다	2과
留学	liú xué	유학하다	7과
旅途快乐	lǚtú kuàilè	즐거운 여행되세요	9과

M

麻婆豆腐	má pó dòufu	(菜) 마포떠우푸	4과
马上	mǎshàng	곧, 즉시	4과
卖	mài	팔다, 판매하다	8과
麦当劳	Màidāngláo	맥도널드	6과
满意	mǎnyì	만족하다	2과
贸易	màoyì	무역	5과
门口	ménkǒu	입구	3과

门票	ménpiào	입장권	3과
迷路	mí lù	길을 잃다	2과
面条	miàntiáo	국수	4과
名牌儿	míngpáir	유명브랜드, 명품	2과
明星	míngxīng	스타	1과

N

拿	ná	(손에) 가지다, 들다	8과
拿铁	nátiě	라떼	6과
哪里	nǎli	별말씀을요	1과
那么	nàme	그렇게, 저렇게	5과
那(么)	nà(me)	그러면, 그렇다면	6과
牛仔裤	niúzǎikù	청바지	8과
努力	nǔlì	노력하다	1과

P

胖	pàng	뚱뚱하다	1과
跑	pǎo	달리다, 뛰다	2과

Q

起	qǐ	…부터 시작하다	8과
钱包	qiánbāo	지갑	4과
前面	qiánmian	앞, 앞쪽	2과
清华大学	Qīnghuá Dàxué	칭화 대학	1과
请	qǐng	상대방에게 어떤 일을 부탁하거나 권함	2과
请	qǐng	초대하다, 한턱내다	3과
请多保重	qǐng duō bǎozhòng	건강에 유의하세요	9과
球赛	qiúsài	구기 경기	3과
全场	quánchǎng	전체, 장내	8과

R

让	ràng	…하게 하다	5과
热闹	rènao	번화하다	2과

| 认识 | rènshi | (사람, 글자, 길을) 알다 | 1과 |
| 认真 | rènzhēn | 진지하다 | 2과 |

S

嗓子	sǎngzi	목구멍	7과
稍	shāo	잠시, 잠깐	8과
身体	shēntǐ	신체, 건강	7과
生病	shēng bìng	병이 나다	7과
时候	shíhou	때, 시각	5과
时间	shíjiān	시간	5과
十字路口	shízì lùkǒu	사거리	2과
试	shì	시험삼아 해보다	8과
事情	shìqing	일	5과
事业成功	shìyè chénggōng	사업 성공을 기원합니다	9과
手艺	shǒuyì	솜씨	4과
瘦	shòu	마르다	1과
舒服	shūfu	(몸, 마음이) 편안하다	7과
薯条	shǔtiáo	감자 튀김, 프렌치 프라이	6과
睡懒觉	shuì lǎnjiào	늦잠을 자다	5과
送	sòng	배웅하다, 바래다 주다	9과
宿舍	sùshè	기숙사, 숙소	5과
虽然	suīrán	비록	4과
岁	suì	나이를 세는 단위	1과
所以	suǒyǐ	그래서, 그런 까닭에	4과

T

谈	tán	말하다, 이야기하다	5과
探病	tàn bìng	병문안하다	7과
特价	tèjià	특가, 특별 할인 가격	8과
疼	téng	아프다	7과
提供	tígōng	제공하다	5과
体温	tǐwēn	체온	7과

条	tiáo	가늘고 긴 것을 세는 단위	8과
听说	tīng shuō	듣자하니, 듣건대	1과
头疼	tóuténg	두통	7과
突然	tūrán	갑자기	7과

W

完	wán	완결되다, 끝나다	8과
万事如意	wànshì rú yì	모든 일이 뜻대로 되길 바랍니다	9과
王府井	Wángfǔjǐng	(地) 왕푸징	8과
往	wǎng	…(을)를 향하여	2과
忘	wàng	잊다	3과
喂	wéi	여보세요	3과
位	wèi	사람을 세는 존칭 단위	1과
为	wèi	…(을)를 위하여	9과
味道	wèidao	맛	4과
问路	wèn lù	길을 묻다	2과
午餐	wǔcān	점심 식사	5과

X

西单	Xīdān	(地) 시단	2과
洗手	xǐ shǒu	손을 씻다	3과
下课	xià kè	수업이 끝나다	3과
先	xiān	먼저, 우선	7과
羡慕	xiànmù	부러워하다	5과
向	xiàng	…에게, …을(를) 향하여	2과
像	xiàng	마치 …와(과) 같다	7과
详细	xiángxì	상세하다	2과
小吃	xiǎochī	간단한 먹을거리	2과
笑	xiào	웃다	2과
新	xīn	새롭다	3과
新婚愉快	xīnhūn yúkuài	결혼 축하드립니다	9과
新年快乐	xīnnián kuàilè	새해 복 많이 받으세요	9과

信用卡	xìnyòngkǎ	신용카드	4과
星巴克	Xīngbākè	스타벅스	6과
行李	xíngli	짐	9과
行人	xíngrén	행인	2과
休息室	xiūxishì	휴게실	5과
需要	xūyào	필요하다	3, 4과
续杯	xùbēi	(음료를) 리필하다	6과
学校	xuéxiào	학교	3과

Y

压力	yālì	스트레스	5과
严重	yánzhòng	심각하다	7과
羊肉	yángròu	양고기	8과
(就)要…了	(jiù)yào… le	곧 …할 것이다	9과
一…就…	yī… jiù…	…하자마자 …하다	3과
一路平安	yílù píng'ān	무사히 가십시오	9과
一定	yídìng	꼭, 반드시	9과
一会儿	yíhuìr	곧, 잠깐 사이에	9과
一样	yíyàng	같다, 동일하다	7과
以后	yǐhòu	이후, …후에	8과
以前	yǐqián	이전, …전에	5과
以外	yǐwài	이외에	4과
一边儿…一边儿…	yìbiānr… yìbiānr…	…하면서 …하다	6과
一些	yìxiē	약간, 조금	4과
一直	yìzhí	곧바로, 줄곧	2과
饮料	yǐnliào	음료	6과
应该	yīnggāi	마땅하다, 당연하다	9과
邮件	yóujiàn	우편물, 메일	9과
油腻	yóunì	기름지다, 느끼하다	4과
有病	yǒu bìng	병이 있다, 결함이 있다	7과
有名	yǒu míng	유명하다	2과
友谊	yǒuyì	우정	9과

有意思	yǒu yìsi	재미있다	6과
鱼想肉丝	yú xiāng ròusī	(菜) 위샹러우쓰	4과
员工	yuángōng	직원	5과
约	yuē	약속하다	3과
越来越	yuèláiyuè	점점, 더욱더	6과

Z

再	zài	다시	3과
再	zài	더	6과
再	zài	…하고 나서, …한 뒤에	7과
咱们	zánmen	우리(들)	6과
扎	zhā	(생맥주용) 잔	9과
扎啤	zhāpí	생맥주	9과
照顾	zhàogù	보살피다	9과
这里	zhèlǐ	이곳, 여기	4, 8과
这么	zhème	이러한, 이렇게	4과
正好	zhènghǎo	꼭 알맞다, 딱 좋다	8과
正在	zhèngzài	마침 …하고 있는 중이다	8과
知道	zhīdao	알다	1과
质量	zhìliàng	품질	8과
中杯	zhōngbēi	(음료수의) 레귤러 사이즈	6과
重要	zhòngyào	중요하다	7과
祝	zhù	기원하다	9과
注意	zhùyì	주의하다	7과
住院	zhù yuàn	입원하다	7과
转告	zhuǎngào	(말을) 전달하다	3과
装病	zhuāng bìng	꾀병을 부리다	7과
准备	zhǔnbèi	준비하다	3, 4과
自己	zìjǐ	자기, 스스로	2과
最后	zuìhòu	최후, 결국	6과
最近	zuìjìn	최근	3과
左右	zuǒyòu	정도	2과
做客	zuò kè	손님이 되다, 방문하다	4과

MEMO
MEMO